李 昂◎著

谈判沟通技巧

北方妇女儿童出版社

图书在版编目（CIP）数据

谈判沟通技巧 / 李昂著. -- 长春：北方妇女儿童
出版社, 2019.3
　　ISBN 978-7-5585-3240-5

　　Ⅰ. ①谈… Ⅱ. ①李… Ⅲ. ①谈判学－通俗读物
Ⅳ. ①C912.35-49

中国版本图书馆CIP数据核字（2018）第291398号

出 版 人　刘　刚
封面设计　艺和天下
责任编辑　张晓峰
开　　本　140mm × 200mm　1/32
印　　张　6
字　　数　145千字
印　　刷　三河市元兴印务有限公司
版　　次　2019年3月第1版
印　　次　2019年3月第1次印刷

出　　版　北方妇女儿童出版社
发　　行　北方妇女儿童出版社
地　　址　长春市人民大街4646号
邮　　编　130021
电　　话　编辑部：0431-86037512
　　　　　　发行部：0431-85640624

定　　价　39.80元

P 前 言
REFACE

如何在瞬间攻克对方的心理防线、消除误解、增强信任、达成目标，从而使谈判实现理想的合作，是每个人必须掌握的技术。

当今，谈判是一项极为普通的事，绝大多数人几乎每天都进行各种各样的谈判，例如售货员和顾客讨价还价的唇枪舌剑、会议室里的项目合作等。可以说，谈判是每一个人生活的一部分，而要在瞬间赢得人心，那就需要你的口才技能了。

1972年2月，美国总统尼克松首次造访中国，在宾馆和尼克松举行会谈时，周恩来总理说："在您楼上的餐厅里有一幅毛主席手书的《题庐山仙人洞照》，最后一句是'无限风光在险峰'，您是冒着一定的风险来中国的。然而正如诗中所述，在危岩之上，正有着无限优美的风光。"尼克松听了激动地说："最成功的政治，比优美的散文更富有诗意。"尼克松还曾说："周总理无与伦比的口才与品格让我印象深刻。"

这就是沟通的力量，沟通是可以创造奇迹的。沟通是一笔无价的财富，也是一门需要用耐心去研究的艺术。所以，拥有出众的沟通口才是我们走向成功人生必需的技能和法宝。

无论你是一位谈判新手，还是久经沙场的谈判高手；无论你是家庭主妇，还是一位大学生；无论你是不经意之间发现了这本书，还是经朋友介绍开始关注这本书，尊敬的读者，这本书会为你开启一个新的视野，只要你闲暇时静下心来读一读，你就会发现，生活中的谈判沟通技巧无处不在，你所需要的智慧就在这里。

　　每一个人都有可能成为生活中的谈判沟通高手，你也不例外！

C目 录
ONTENTS

第四章　攻克心防，把话说到对方的心坎上

第五章　问：以问助说，沟通要 学会解方程

第六章　说：如何说，对方才愿听

第一章
口中乾坤，谈判无处不在

为人处世，成功与否，首先就取决于你"说"的本领！从国家政要、商界精英，到街头商贩、寻常百姓，每天除了用嘴巴吃饭，就是用它说话。生活中，人人都可以成为"谈判专家"，获取你想要的东西，维系圆满的人际关系。

谈判，和你想的不一样

在许多人看来，"谈判"是政治家的工作主题，或者是商人进行交易的基础。比如，政治上边界谈判、区域合作谈判，商场上销售谈判、贸易谈判，都需要双方或多方坐下来，进行面对面的协商，从而实现合作、消除摩擦。

其实，谈判是一个很宽泛的概念，可以说无处不在，而非我们想象的那么狭窄。买东西讨价还价、向客户争取订单、跟老板谈薪水、与朋友决定旅游地点，甚至是谈情说爱，都需要借助谈判来实现。可以说，自从有了人类，谈判就相应而生，它是人们与大自然斗争、与他人合作的产物。

简单来说，谈判是人们为了满足各自的需要而进行的交易磋商，是用来解决同他人的分歧或满足自身需要的手段。历史上，毛遂自荐、蔺相如完璧归赵、诸葛亮舌战群儒等谈判故事脍炙人口。今天，人们同样需要以三寸不烂之舌，劝解对方，消除误解，实现利益共享的机会。

可以说，想从对方手中得到一些东西，或对方想从你身上取得一些东西，都离不开"谈判"。在谈判高手身上，我们可以看到他们精彩的攻防话术、强大的沟通能量、精准的心理操控技巧，从而用最少的沟通成本赢得他们最想要的东西。许多时候，我们常常被这种能力深深震撼。

既然"三寸不烂之舌，强于百万之师"，那么我们就有必要真正认清"谈判"的真面目，从而更好地把握它、运用它，让它成为我们成功路上的推手。概括起来，谈判一般具有以下四个特性：

第一，谈判具有公平性，双方是自愿的。因为谈判参与各方对谈判结果均具有否决权，所以任何一方想把自己的不合理要求强加给对方，都会遭到拒绝，无法实现良好的预期。从这个角度看，想要获得彼此认同的谈判结果，必须坚持公平、自愿的原则。

第二，谈判是互惠互利的，却是不平等的。能够坐下来谈判，说明双方都需要对方的配合。但是，双方虽然是本着互惠互利的目的而来，但是在实际中却因实力、需求差别而呈现出强弱不一的局面。通常，利益诉求更大、实力更强的一方往往占据主动地位。

第三，谈判具有合作性和矛盾性。为了使谈判达成协议，参与谈判的各方必须具备某种程度的合作性，但是为了各自利益和目的，就不可避免矛盾的存在。虽然不同的谈判场合下，合作程度与冲突程度各不相同，但是可以肯定，任何一种谈判都同时伴随着一定程度的矛盾性。

第四，谈判是施与和接受兼而有之的一种互助过程。单方面的施与或单方面的接受，无论它是自愿的还是被动的，都不能算作一种谈判。因此，谈判双方必须形成互动，既时刻想到自己的利益，也关照对方的需求，才能实现最终的合作。

从上面几点分析我们可以知道，谈判从来都不是单方面的举动，而是双方或多方相互认知、相互磨合、相互调整的合作过程。最重要的是，它充满了实战技巧；被广泛运用在我们生活的各个方面。当你学会了谈判，在生活各方面你都能争取更多，在各行各业如鱼得水，享受梦寐以求的人生！

现实生活中，有的人对梦想苦苦求索，有的人兢兢业业以图早日达到成功的彼岸，但是他们都不得要领，总是遇挫或者碰壁。这其中的原因可能很多，不过不容忽视的一点是对谈判认识不足、缺少谈判的技巧。比如，为了达到自己的目的，你试图运用权势压制对方，结果招致报复、伤害双方关系、令对方失去信任；有时候，你选择退出谈判以示抗议，根本没有深入了解对方的观点，并寻求解决问题的方法，结果双方都成了输家。这样的情形太多了，教训也太深刻了。

因此，从现在开始，重视"谈判"这项能力吧，全面认识它，时刻修炼它，在做人做事中明白虚怀若谷的要义、领悟曲径通幽的玄妙，你会获得更为丰厚的回报。在此，对"谈判"形成正确而深刻的洞见，抛弃你头脑中的一些错误观念，这才是成功的开始。

1. "我一定要战胜对方"

如果在谈判中非要争个你输我赢，处处不让，势必导致对方的反击，即使你通过战胜对方一时得到了自己想要的，那么下一次对方还会让步吗？谈判讲究的是利益之间的交换，目的是实现双赢，从而让双方的合作关系持续下去。无疑，认为"谈判就是击败对手"，这种思路是一个天大的错误。

2. "这个家伙很难搞，我先释放一些善意"

如果谈判对手很难沟通、交流，是否先释放一些善意，使谈判能够顺利进行？答案是否定的。如果与对方没有利益交换，千万不要轻易让步。这是因为，你不知道对方的"不好惹"是不是他的谈判策略，如果做出了让步，那反而是中了对方的计策。此外，你不知道你所做出的让步是否是对方所需要的，如果是对方需要的，可能会养大他的胃口，逼迫你再次让步。这对你而言就是很不利了。

3. "接受对方第一次报价"

与对手谈判时，看到对方的第一次报价在自己可接受范围之内，许多人往往会急迫地答应对方的报价，其实这种方法是不可取的。这样做会让对方误以为自己报价太低了，从而下一次报价会主动抬高。此外，我方没有争取到更好的利益、更优惠的条件，对自己来说是一种损失。

4. "对方会对我的让步感恩戴德"

台湾一家电子企业与内地一家家电卖场曾经就销售代理进

行谈判。家电卖场人员说："你给我个面子，让我一步，价格从102元降到99元。"销售经理同意了。等到下午谈判付款账期时，台湾方要求是30天，家电卖场方坚持45天。台湾销售经理说："这样吧，早上我让了一步，这次你给我个面子，让我一步。"不料家电卖场人员说："为什么要给你面子？"由此可见，做出让步与善意，一定要及时向对方索取回报，千万不要等，不要期望对方会在下一次谈判时对你让步，不要期望谈判对手对你的让步感恩戴德、永世不忘。

5. "我就是要A"

谈判中争取的是利益，但是达成这些利益的是方案，可以通过方案A，也可以通过方案B、方案C来达成利益。因此，谈判中必须有多个方案，并在事前准备好，与我方的利益相关者协商好，如果方案A不行，可以采用方案B，方案B行不通，可以采用方案C。总之，方案是为了达成目的，不同的方案是为利益服务的，切不可坚持了自己的观点，忘记了自己的目的，坚持了自己的方案，输掉了自己的利益。

饭局决定格局

人活着，一日三餐，顿顿不可少。饭局之上，不仅是为了满足口腹之欲，人们聚集到一起，还是联络感情、增进交情的需要。可以说，古今中外，饭局都承担了太多的功能。商场、官场、职场，场场绕不开酒场；求人、办事、升迁，谁也离不开饭局。人们在这里说的每一句话，谈的每一个问题，都泄露出内心的隐秘，交换着攸关的利益。

由饭局见格局，从酒席上的交锋决定未来的局势，这种情形屡见不鲜。而千百年来最引人入胜的莫过于"鸿门宴"。一个是西楚霸王，一个是草根英雄，项羽与刘邦的这场争斗改写了历史，也让世人再次见证了饭局谈判的无穷魔力。

在"鸿门宴"这场饭局大戏中，有这样几个关键人物：刘邦，圆滑奸诈，巧舌如簧，能屈能伸，善于应变；项羽，光明磊落，重情重义，有勇少谋，刚愎自用；张良，老练多谋，眼光锐利，善于用人，胆识过人，干练透辟；范增，老谋深算，见微知著，运筹帷幄，心机重重；樊哙，忠勇豪爽，有勇有谋，粗中有细。

故事发生在秦末，各地农民起义相继爆发，其中有楚国贵族出身的项梁、项羽叔侄，有农民出身的刘邦。陈胜失败以后，项梁扶楚怀王的孙子做了楚王，刘邦也投靠了项梁。公元前207年，项梁战死，怀王派项羽等救援被秦军围困的赵国，同时派刘邦攻打函谷关。临行时，怀王与诸将约定，谁先入关，便封为关中王。

项羽大破秦军后，听说刘邦已出咸阳，非常恼火，就攻破函谷关，直抵新丰鸿门。这时，刘邦的左司马曹无伤暗中派人告诉项羽：刘邦想在关中称王。项羽听了勃然大怒，决定第二天发兵攻打刘邦。张良建议刘邦不能和项羽硬拼，于是刘邦退出咸阳，回师霸上，还把咸阳所得一切送到项羽营中，愿意俯首称臣。

谋士范增觉察出刘邦必成大器，便命项羽设下"鸿门夜宴"，剿除刘邦。得知此事的项伯顾念与张良故人之情，向刘邦报信。面对生死的考验，刘邦听从张良的建议慨然赴约，开始一场轰轰烈烈的大较量。

鸿门宴当日，范增早已布下天罗地网，决心把刘邦人头留下。不料，刘邦竟然当着众人的面下跪，乞求项羽宽恕。这一委曲求全、藏锋守拙之计，迎合了项羽狂妄的心理，让刘邦变被劫为主动。本来就固执己见、妄自尊大的项羽看到这种情形，竟然没有了怨恨与杀机。在他心里，刘邦从来就不是自己的对手。

接着，酒宴开始了。范增一计不成，又生一计，他命令项庄舞剑，意在刺杀刘邦。结果，项伯出面应对，让项庄无法得逞。然后，刘邦想逃离又拘泥于礼节之时，他接纳了樊哙的建议，果断离开楚营，脱离了虎口。

君斗权，相斗智，将斗勇，鸿门宴上的布局步步惊心。一会儿觥筹交错，一会儿刀光剑影，虽然没有过多的言语，但是双方使出的每一招，都堪比似利剑的言辞。项羽刚愎自用，放跑了刘邦，最后落得乌江自刎的下场，而他的谋臣范增也因谗被废，中道病死。刘邦善用张良，最后一统天下，开创了大汉几百年的基业，的确非同凡响。

鸿门宴给我们的启示是：饭局上渗透着利益的交换，潜藏着无数心机与心语，这种情报信息折射出双方力量的悬殊、决定着日后较量的成败。许多时候，请客吃饭也是革命，你不重视它，就无法在关键时刻展示自己的力量，给对方以威慑，日后必然吃亏。鸿门宴上"沛公"跑了，而摆下这场饭局的人——项羽为此付出了沉重的代价!

今天,无论是商业活动,还是人际交往,各种各样的饭局、酒局应接不暇。这里既有亲情、友情的汇集,也有人心的探测、利益的交换,最重要的是掌握饭局谈判的潜规则,谙熟饭局上的隐形话语,真正做对人、办对事。

台湾王品集团董事长戴胜益在商场摸爬滚打多年,一手把企业打造成年营业额超过30亿的餐饮集团。一路的曲折与跃进,多年的坎坷与荣耀,都可以从饭局初见端倪。从饭局见格局,在酒局谈判中谋划未来,是戴胜益的成功心得。生意场上的人情交往,与利益交换密不可分。对当事人来说,除了会吃饭,还要懂吃饭。生活中,戴胜益善于营造气氛,从公司员工到外部难搞的客户,都能让对方在愉悦的心情下吃好喝好,进而建立密切的关系,达成商业上的目标。

2000年,戴胜益创立的王品台塑牛排已经在市场上打响了名号,同时他还尝试开拓其他非餐饮领域的事业。于是,他飞到英国,整天与金氏纪录博物馆的相关负责人共进晚餐,目的是争取对方的台湾代理权。有一次用餐的时候,对方推荐了某种酒,结果戴胜益竟然不赞同,还指着酒单,表示另一种酒会比较顺口。结果,对方的气势很快弱了下来,最后双方竟然谈得很畅快。

其实,英国人在品酒方面比戴胜益更专业,但是他一番"装腔作势",展示出自己的"见识",自然赢得了对方的认同,也才有了放心授权的可能。后来,戴胜益这样总结:"如果人家是谈吐自若,你连红酒杯都不知道怎么握,要谈什么,气势就少一半。"因此,在那种饭局上,他不得不硬撑下去。

戴胜益的感触是，如果没有先把"吃"搞定，"事"也别想搞定。真正交际应酬时，如果懂食物、懂礼仪，再表现出你的自信、你的胆识、你的历练，对方一下子就会屈服了。这种饭局上的交谈作为开门见山第一炮，必须打响。

谈判是一种沟通艺术，具体到沟通的形式则是多种多样。除了正式场合的谈判，饭局、宴席上的隐性谈判更是司空见惯。这里面隐藏着很大的学问，需要我们在日积月累中去体会、感悟。否则，只待日后明白过来，已经时机错失，空留悔恨。

吃饭很简单，但是会吃饭却学问多多。真正有本事的人重视饭局，善于从中找到人生的赢道。正如戴胜益所说，初入饭局一无所知，感觉很糗，这是见世面太少的缘故，关键是一定立志把这方面的东西学会，而不是不思进步。

1. 吃饭是赢取人心的好工具

成就伟大的事业，需要好人才的帮助。拉近与员工、客户的关系，必须充分利用吃饭时刻，彻底放下身段，赢取人心。饭桌上，与对方称兄道弟，和每一位家属谈天，把对方当作真正的朋友，以后办事也就顺利多了。

2. 广结善缘，拒绝亲疏之分

吃饭的目的是联络感情，大家可以坦诚相见，谈很多在办公室不会谈的事，吃吃喝喝、吵吵闹闹中，共识就形成了。撮合一个饭局，最重要的是与更多的人在一起，这样才可以广结善缘。但对领导人而言，绝对不能单独和员工吃饭，避免造成其他人的不安全感和误会。

3. 在饭局中甄别人才

一个人吃饭的样子可以透露很多讯息。从一个人的动作、谈吐、拿刀叉的姿势、和别人的互动，就知道他大概是什么身份，甚至还看得出职位和年收入。一个有经验、有视野的人，光是从选餐厅、点菜就可以看出很多问题。点太多，表示不切实际；而点到大家都吃不饱的人，你在他身边应该也不会捞到什么好处。由此可见，饭局是识人的大场合。

谈出来的天下

任何时候，出众的口才都是一个人办大事的基础。尤其是，能够根据场合、对象发挥口才艺术，并配合表演才能，最终达到自己目的的人，是成大事者。因为他声情并茂地演说，游刃有余地交谈，完全把对方置于自己的情境中，让人感同身受，这么做没有不成功的道理。

由此可见，擅长演说与谈判的人，可以左右局势、鼓动人心，甚至可以敲定天下。在《三国演义》里，刘备三顾茅庐，诸葛亮隆中对，就上演了这样一幕精彩的好戏。

东汉末年，爆发了黄巾大起义，一时间天下大乱。曹操坐据朝廷，孙权拥兵东吴，汉宗室豫州牧刘备东奔西跑，一事无成。后来，他听从徐庶、司马徽的建议，请诸葛亮出山，辅佐自己争夺天下。

第一次，刘备和关羽、张飞带着礼物到南阳请诸葛亮出山。结果，诸葛亮出远门了，三个人只好失望而归。不久，刘备又带着两位兄弟，冒着大风雪去请诸葛亮。不料，他又外出闲游去了。最后，刘备只好留下一封信，表达自己对诸葛亮的敬佩，并请他出来帮助自己挽救国家危险局面。转眼到了第二年的春天，三个人再次去请诸葛亮。还好，这次诸葛亮在家，正在睡午觉。刘备不敢惊动他，一直站到诸葛亮醒来，才彼此坐下来谈话。这就是"三顾茅庐"。

刘备当面向诸葛亮请教天下大势，以及如何匡扶汉室。诸葛亮精辟地分析了当时的形势，提出了首先夺取荆、益作为根据地，对内改革政治，对外联合孙权，南抚夷越，西和诸戎，等待时机，两路出兵北伐，从而统一全国的战略思想的宏伟蓝图。这次谈话即是著名的《茅庐对》。

听完诸葛亮的高谈阔论，刘备被震撼了，认为自己找到了真正的治国能臣。于是，他请诸葛亮出山，辅佐自己谋求天下。然而，诸葛亮拒绝了，以疏懒成性为由不愿意出山。最后，刘备叩首而泣，深深打动了诸葛亮。就这样，一代智谋之士感于刘备的诚意和正义，决定出山帮助他谋取三分天下的功业。后来，诸葛亮帮助刘备挫败曹操的先锋部队，而后掩护他逃亡夏口，直到促成了孙刘联盟，一举击败了曹军，真正实现了天下三分。

可以说，刘备能够有后来的霸业，在很大程度上得益于他三顾茅庐，以自己的诚意感化了诸葛亮。而诸葛亮隆中对，道出了三分天下的玄机，由此勾勒出了三国的时局。这种一语定乾坤的霸气，令人称道不已。刘备与诸葛亮，在南阳山村的一席对话，谋划了日后几十年的蓝图，这种谈判不是常人可以经历的。或许，茅庐隆中对过于庞大，超出了常人的想象与作为。但是，在政治、经济、军事等各个领域，经过一席谈判而敲定大局、大事，这样的情形很多。

谈出感情，谈出合作，谈出共识，需要当事人掌握机变的技巧、拿捏人心的需求。这就涉及该说什么、不该说什么，以及如何去说的问题。这些都是交谈的策略、谈判的智慧。

为什么有的人一开口就招人烦？为什么有的人一说话就惹人喜欢？说话不难，难的是把话说得中听，容易让人接受。因此，在谈判中建立友谊、发展关系的过程中，口才扮演着重要角色，能说、会说并且说到位，往往能把握大局，掌控局面，否则就会处处被动，寸步难行。

公元22年，刘秀与哥哥刘演在老家南阳郡春陵（今湖北枣阳）起兵，打出了"复高祖伟业"的旗号。起兵之初，刘家军是清一色刘氏宗族子弟。经过小长安一战，宗室子弟死伤惨重，兄弟俩用类似传销的方式，动员宗族子弟利用各自的人际关系，在劝说、利诱下聚集了七八千人。这支部队凭借巨大的凝聚力，所向披靡。

不久，绿林军的两个分支为躲避瘟疫转战到南阳，濒临散伙。刘秀兄弟主动联络他们，通过"平分财物"的方式与其结成了坚固的同盟。对另一支绿林军，刘家兄弟主动拜访，又"说以合从之利"，使其愉快地答应合作。由此，几支部队聚集到一起，被称作"汉军"。

公元23年，刘秀兄弟率汉军拥立了更始帝。这样做，既能联合更多的反政府势力，还能利用更始帝吸引更多"思汉势力"加盟，并在更始帝的保护伞下自由地发展真正依附于自己的势力。就这样，王莽的势力逐渐被歼灭。这时候，更始帝考虑到刘演对自己的威胁越来越大，便令人将其击杀。刘秀虽然极端不满，但考虑到自身安危，只好采取隐忍的策略。

后来，刘秀争取到了巡视河北的资格。他决心像当初起家时一样，继续通过政治谈判的方式，去争取地方实力派的支持。每到一地，刘秀名义上是安抚群众、整顿社会秩序，实际上是与当地政府官员或豪强搞好关系：对服从更始政权的，就以"考察官员政绩"为名，充分提拔拉拢；对效忠王莽的，就通过谈判达成契约；对独立行动的，就以现实物质刺激和未来政治承诺解决。

结果，刘秀的政治支票在这些"既得利益集团"中很受用，信用度也比较高。公元26年，刘秀宣布"宗室列侯可以复国"，这是给旧利益集团的绝对优厚的福利。利益开道，自然省去了许多抵触，也获得了相应的政治支持，为刘秀日后接掌帝国最高权力奠定了良好的基础。不久，28将主动投诚、百万流民积极加盟，一举促成了刘秀问鼎天下。

可以毫不夸张地说，刘秀的江山与其说是打下来的，倒不如说是谈出来的。真正令他走向帝位的核心力量不是武力，而是和平谈判和相互妥协。正是不同利益群体特别是旧帝国官僚及其背后利益集团，将刘秀推上了历史舞台。在这个意义上，刘秀不仅是军人，更是一位优秀的政客和谈判专家。

谈判，本身就是利益的牵扯、推拉，是各个利益方妥协的过程。最重要的是，你在其中要明确自己的利益，并想到他人的利益，善于甄别人心、把握时局，根据情势变化采取稳妥的对策，做出正确决断。在整个过程中，该说什么话，该怎么说，都有很大的掌问。

在谈判中，很重要的一点是只说该说的话。如果想做什么就说出来，注定完蛋，也就不会有左右局势、指点江山的豪气了。尤其是在日常生活中，说与不说都不能任由自己的性子，把握好场合、对象、时机，是最重要的。

有一则流传已久的笑话，说的是一位工会主席召集五个委员开会。开会的时间早已过了，可是只来了三个人。他叹气说道："唉，该来的没有来！"有个委员听了这话觉得很不自在，他想：莫非我是不该来的人？于是这个委员悄悄地走了。工会主席见状，又叹道："唉，不该走的走了！"剩下的两个委员听主席这么说，误认为他俩是该走而没有走的人，于是一气之下全走了。可见，因为说话不妥当，非但会议没开成，而且还得罪了人。工会主席用舌头给对方心里留下的阴影，恐怕短时间内难以平息。

在社会上混，尤其是进行利益谈判时，既有智慧的较量，也有心理的比拼。为了知己知彼，双方都会使出浑身解数刺探商情。通常，人们说每一句话都应该深思熟虑，有所保留，这样才能最大程度上维护自己的利益。特别是涉及重大利益的时候，首先要会说话，其次要清楚该说什么、不该说什么。言为心声，你说的每一句话都可能透露出内心的真实想法。因此，无论怎样，不要让别人看透你的内心。

1. 照顾对方的情绪，不能有话直说

现实生活中，有些人很有钱，于是讲话高高在上，趾高气

扬，根本没把他人放在眼里，结果得罪了人，最后自己也变成了孤家寡人。

2. 保守秘密，不能有话直说

做人要懂得迂回处世，做该做的事情，说该说的话，是最起码的要求。说话过头，泄露机密，是注定要吃亏的。

3. 体察对方的心理

不能有话直说交往说话时，必须照顾到对方的情绪，体察对方的心理，才能做出符合实际的判断，在交往中取得预期的效果。

舌尖上的兵马

无论是达成合作，还是阐明主张，谈判桌上都离不开唇枪舌剑的较量。这种较量虽然不是战场上的厮杀，却比之并不逊色。许多时候，谈判即短兵相接。两军交战智勇双全者胜。智者，就是想方设法战胜对方；勇者，就是在心理上战胜敌人。求人办事，统御部下，必须闯过谈判关，才有可能推进目标的实现。

东汉末年，曹操挟天子以令诸侯，逐步消灭了有实力的军阀，唯独刘备、孙权还有发展壮大的可能。面对这两个劲敌，曹操想出了一拉一打的策略，他派人给东吴的孙权送去书信，想拉拢孙权投降，然后绞杀刘备。当时，孙权手下的谋士畏惧曹操实力强大，大多主张降曹自保，只有鲁肃主张联刘抗曹。但鲁肃自知难以说服孙权和东吴的文臣，特意请诸葛亮来当说客。

鲁肃引诸葛亮见了东吴的一群谋士，这些人并非泛泛之辈，个个都是有学问的人。面对众多强敌，诸葛亮施展出众的口才，既保持了外交上的克制，又有力地打击了那些挑衅的人，一时间指点江山，畅快淋漓。

1. 先守后攻

面对东吴诸儒的诘难，诸葛亮神态自若，一一作答，是为守，然而他又不甘于只是作答，每于答后发起攻势。东吴第一大谋士张昭首先发难："听说刘备到你家里三趟，才把你请出山，以为有了你就如同鱼得了水，想夺取荆襄九郡做根据地。但荆襄已被曹操得到，你还有什么主意呢？"

诸葛亮知道，如果不先难倒张昭，就没办法说服孙权联刘抗曹了。于是，他这样应对："刘备取荆襄这块地盘，易如反掌，只是不忍心夺取同宗的基业，才被曹操捡了便宜。现在屯兵江夏，另有宏图大计，等闲之辈哪懂得这个。国家大事，社稷安危，都要有真才实学的人拿出好主意。而口舌之徒，坐而论道，碰上事儿，却拿不出一个办法来，只能为天下人耻笑。"一番话，说得张昭哑口无言。

2. 各个击破

对不同的人采取不同的方法击败对方，是诸葛亮舌战群儒的又一大特色。在整个过程中，诸葛亮的论辩艺术发挥得酣畅淋漓，他面对群儒潮水般涌来的诘难，沉着应战，或引经据典，或转换论题，或厉声责问，或反唇相讥，可谓得心应手，游刃有余。如以韩信之谋，杨雄之死来作为论据帮助申明观点；对步骘的"孔明欲效仪、秦之舌，游说东吴耶"之论弃之不理，而从苏、张二人豪杰本色入手，转守为攻。

详略的不同、论辩方法的不同显示出诸葛亮的机动灵活，详答老辣者，略对浅薄者，挥挥洒洒，左右逢源，嬉笑怒骂，皆成文章，着实令人叹服。各个击破的策略，让东吴各位谋士群起而攻之的计谋无法得逞，被杀得片甲不留。

3. 语势磅礴

在论辩过程中，诸葛亮语势磅礴，使对方慑服于他的语言威力，只有招架之功，而无反击之力。这一点突出体现在他的反问语气的运用上。如反诘张昭："鹏飞万里，其志岂群鸟能识哉？""豫州不过暂借以容身，岂真将坐守于此耶？"等。总之，一连串的反问句语势强烈，咄咄逼人。在以理服人的基础上，诸葛亮更以其语言的气势压倒了对手。

谈判中，语势磅礴源于理直气壮，"理直"是因，"气壮"是果。在诸葛亮的意识中，此番东吴之行乃为正义而来，故而正气浩然，处变不惊。潇洒的风度、广博的学识，使对手在气势上先输了三分，加之诸葛亮一阵穷追猛打，遂有破竹之势。

4. 语带双机

在众位谋士里，陆绩以曹操是相国曹参之后，刘备出身无可稽考相诘，"眼见只是织席贩履之夫耳，何足与曹操抗衡哉！"诸葛亮先不直接回答问题，而是轻蔑地一笑，"公非袁术座间怀桔之陆郎乎？"诸葛亮此处提及此事，表面看来似属闲笔，实则颇有深意。怀桔之事本为尽心事孝之典范，然而毕竟是小儿所为，怀桔小儿之论必是小儿之见，自然"不足与高士共语"。

凭借高超的语言技巧，诸葛亮使整个论辩过程精彩纷呈，于有限的语句中蕴含极深的意味，嚼之余香满口。语带双机之辩术充分显示了诸葛亮的论辩技巧，一石二鸟，弦外有音，以极精炼的语句表达极丰富的内容，颇具战斗力。这种谈判的本事运用到实践中，的确给对手带来巨大的杀伤力。

总之，诸葛亮以超人的胆识同东吴群儒展开舌战，以其滔滔辩才使对手一个个皆成"口"下败将，并最终说服了孙权，使吴蜀联盟共抗曹操的局面得以形成。诸葛亮舌战群儒风头出尽，其娴熟的论辩技巧令人折服，堪称经典。由此可见，谈判的功用是多么强大，口才的威力是多么令人震撼。作为一种实用之学，谈判中的论辩艺术是彼我双方较量的利器，更承担着争取更多利益的重任。三寸之舌能抵百万之兵，从古到今都不是虚言。

人生在世，许多事情都是与他人谈判的结果。在讨价还价、争取利益的过程中，你有了自己的职位，薪水。从这个角度看，与人谈判的本领其实是一种生存的能力。在同等努力、付出的基础上，这种谈判能力决定了你的收益大小、幸福程度。而这一点，与古代战场的厮杀，从而获取个人利益，并没有本质的不同。因此，学好、用好谈判之术，掌握并驾驭舌尖上的兵马，是每个人生存、发展的需要。

兵不血刃的谈判术

古语有："一言可以兴邦，一言可以丧邦。"这句话也许有些夸张，但确实说出了口才的重要性。政治家要使自己的治国方略为公民所理解、支持，就必须登台演说，用自己的嘴巴使自己登上权力的顶峰。商界人士拿下订单、谋求合作，需要精准判断对方利益诉求，凭借三寸不烂之舌游说对方与自己利益共享。这都是谈判中口才的巨大能量。

口中乾坤，的确玄之又玄。掌握谈判策略的人，加上自己的实力，配合当时的情境，可以兵不血刃地化解危局、拯救他人。这种功德如何夸大，都不会过分。

这个世界上的许多事情，都是力量的比拼。这种力量不仅是武力的较量，也是权衡利弊的剖析。所以才会有"听君一席话，胜读十年书"的慨叹。更重要的是，这种百炼钢化为绕指柔的本事，是需要胆魄与心机的。

历史上，五代十国的混战局面结束以后，北宋统治者面临着两个重大问题：一是如何重建中央集权的专制统治，使唐末以来长期存在的藩镇跋扈局面不再继续出现；二是如何使赵宋王朝长期巩固下去，不再成为五代之后的第六个短命王朝。

对此，宋太祖赵匡胤求教宰相赵普："从唐朝结束以来的数十年，皇帝已经换了八个家族了，战争频繁不休不止，百姓生活在水深火热之中，这是为何呢？朕想结束天下的战争，使国家长治久安，如何才能做到？"赵普回答："陛下能够认识到这个事情，真是天地之福，人神之福啊！造成天下的混乱，并非别的原因，就是藩镇的权力太大，君主弱而臣子强。如今要想解决这样的情况，只有削弱藩镇的权力，限制他们的财政，将他们的精锐军队收归中央统一调度，这样天下就会和平了。"

听了赵普的建议，宋太祖在宫里举行宴会，石守信、王审琦等几位老将都来了。大家喝过酒，开始无话不谈。宋太祖示意身边的太监退出去，然后和大家干了一杯酒，接着说："没有大家的帮助，我不会有今天的地位。但是你们可能想象不到，做皇帝也有许多苦衷啊，有时候还不如你们自在。说实话，我都好久没有睡过安稳觉了。"

大家听了知道里面隐含着内情，就问其中的缘由。宋太祖仍旧不露声色："人们都说高处不胜寒，我站在很高的位置上已经感觉到寒意了。"石守信等人知道宋太祖担心有人篡夺他的皇位，非常害怕，于是站起来跪倒在地上说："现在天下已经安定了，没有人敢对陛下三心二意啊！"

宋太祖摇摇头说："你们和我南征北战，我自然信得过。但是如果你们的部下为了攫取高位，把黄袍披在你们身上，会出现什么情况呢？"石守信等人听到这里意识到大祸临头，连忙害怕地求饶："我们愚蠢，没有过多考虑，请陛下给指条明路吧。"

接着，宋太祖借机表达了自己让他们放弃兵权的想法，建议"人生苦短，犹如白驹过隙，不如多累积一些金钱，买一些房地产，传给后代子孙，家中多置歌伎舞伶，日夜饮酒相欢以终天年，君臣之间没有猜疑，上下相安，这样不是很好吗？"大臣们答谢说："陛下能想到这里，对我们有起死回生的恩德啊！"

第二天，石守信、高怀德、王审琦、张令铎、赵彦徽等上表声称自己有病，纷纷要求解除兵权，宋太祖欣然同意，让他们告老还乡了这就是著名的《杯酒释兵权》。

开国皇帝杀功臣，在中国历史上比比皆是。如汉朝开国皇帝刘邦、明朝开国皇帝朱元璋，都是这样的典型。宋太祖不仅不杀，而且采取一种最省力的方式，让大家都得到很好的结局，这里有三点很重要：一、威吓；二、推心置腹的谈心；三、安排出路。三点缺一，效果必然大打折扣。

在这段历史故事中，宋太祖没有采取军事行动消除将帅手中的权力，而在酒宴上也没有与大家直接说明自己的想法，而是通过隐晦的方式表达出自己的意图，使大家知难而退，达到了预期的目的。试想一下，他如果心直口快，直接表露出自己的担心，必然给自己带来麻烦。

对于处于领导阶层的人来说，他们说的每一句话都能给别人带来猜想，所以说话必须慎重。在谈判中学会隐晦表达，能给对方留有回旋的余地，使自己保持谦逊的姿态，就容易形成良好的互动。一些人说话过于直白，往往把他人逼进死胡同，使彼此的关系僵化。

一人之辩，重于九鼎之宝；三寸之舌，强于百万之师。古有战国苏秦数国游说不辱使命，今有商业谈判改写一个地区的经济发展航向。出众的口才艺术、谈判技能，无疑也是一种巨大的生产力！对谈判高手来说，把话说到点子上，说到对方的心坎里，实现利益的交换，就到达了成功的彼岸。

兵不血刃地攻下对手，取得谈判胜利，需要掌握谈判桌上两大利器——说服与让步。在谈判桌上，这两点就像一对密不可分的朋友。具体来说，说服不代表就是战胜对手，而让步也不代表是向对手投降。说服与让步里面包含不少方法与技巧，谈判的成功与否和运用好说服、让步的技巧是密切相关的。

1. 把握说服的方向

谈判的方向与原则是谈判双方的起点，但有时候，随着谈判进程的深入，谈判偏离方向，从而导致谈判偏离了双方的初衷，最终也难以达到双方的要求。为了避免谈判破裂，你必须掌握说服的技巧与方法。

比如，可以利用图像化、数字化的PPT展示你的意图，给对方直观的表达；可以从对方角度来说话，通过换位思考引导对方按照你的思路走；还可以包装谈判议题，在谈判桌上不是讲是非，而是讲利害，让对方洗耳恭听；可以在谈判中进行回顾与总结，得到对方确认，方便谈判继续。

2. 让步不代表投降

在商务谈判中，让步是经常发生的，而且让步与说服往往相辅相成。但是，在谈判让步的前前后后，必须注意让步的技巧，不能无意识的让步，也不能乱让步，需要掌握让步的章法与技巧。

首先，掌握让步的幅度，要做到让步幅度递减，第一步让步不能太小；其次，把握好让步的时间，让步时间应该是越来越慢的，速度太快，别人会认为你让步很容易；再次，掌握让步的次数，让步的次数，一般不要超过3次，让过5次就太多了；最后，把握让步的底线，避免一不小心结果就是自己陷入了自己挖的坑里面，这就得不偿失了。

砍价：生活中无处不在的谈判

人生就是谈判的过程，你要与他人协商解决问题，也会为了争取自己的利益而提出条件，还会在日常消费中与商家讨价还价。总之，人与人之间的关系，就是不断进攻与妥协、选择与放弃的过程。

无处不在的谈判提醒我们，遇事必须再三斟酌、仔细思量，在保护自己利益的同时，也要兼顾对方的利益，并找到双方都能接受的方案。期间，为了目标、利益协商的过程，其实就是一种"砍价"行为。

比如，上司给你布置了任务，你首先会掂量一下自己的实力，如果无法完成任务，就需要与上司商榷，提出自己的想法，或者适当降低任务目标。再比如，好友向你借钱，而数目巨大，超出了你的财务能力，你也会跟对方商议一下，只借出总额的百分之八十，或者一半。在协商中求得共识，在探讨中谋求一致，这本身就是讨价还价的过程，或者说是一种砍价的行为。这种行为从本质上说，就是我们俗称的"谈判"。

当然，具体到日常生活中，砍价行为最普遍，也最常见的是买卖中的讨价还价。在这方面，同样需要高超的谈判技能。在砍价中，双方最在乎的是价格，而维护的是自己的利益。直到双方在价格上找到一个平衡点，满足双方的心理需求，交易就算完成了，最后皆大欢喜。

按照经济学的解释，"砍价"是买方消费行为，是指买方在卖方给出的售价基础上要求降价，以达到自己满意价位的行为。在这里，"砍"是动词，"价格"是价值的反映，当销售价格脱离买方的期望价值时，就会发生砍价行为。其中的谈判行为，就需要当事人双方展开口才、心理等方面的才能了。

会砍价的人，能在瞬间打动人心，或者让对方没有反驳之力，从而乖乖地按照自己的标准成交。下面是一个砍价的片段，从中可以看出高超的谈判艺术是多么重要。

老板：200元，正宗广州货，要不要？

顾客：我先看看……

老板：别看了，东西是好东西，给你优惠点，190元。

顾客：这也叫优惠啊？

老板：呵呵，好吧，就160元，这回可以了吧！

顾客：哈哈哈哈！

老板：你笑什么，难道嫌贵？

顾客：不，何止是贵，简直就是用水泵抽我的血！

老板：哪里有那么夸张，看你是本地人就150元吧。

顾客：……

老板：你不会还嫌贵吧，我最多只挣你几块钱。

顾客：不，我没有说贵，这双鞋值这个价钱。

老板：你真有眼光，快买吧。

顾客：鞋是好鞋，只是我口袋里的票子有限啊。

老板：那你口袋里有多少钱啊？

顾客：100元。

老板：天啊，你开玩笑，赔死我了，再添10元。

顾客：没的添，我很想给你120元，可无能为力。

老板：好吧，交个朋友，100元成交！

上面这个故事是典型的砍价谈判案例，也是我们日常生活中经常能遇到的情况。这位顾客显然是谈判高手，竟然把一双标价200元的皮鞋砍掉了一半的价钱，并最后顺利成交。纵观整个谈判过程，老板在一开始的时候就失了先手，而且期间又屡次中伏，使得顾客探到了自己的底牌；而顾客则一上来就争取到了主动，然后不紧不慢，一步一步地进攻，不抓到底牌不松嘴，最终取得了本场谈判的决胜。

总结看来，在谈判中一定要藏好自己的底牌，决不可让对方摸清我方的意图。同时，也要步步为营，分毫力争，不让他人从你的态度上揣摩到你内心的真实想法。此外，明显地表明自己的成交态度也不足取，如果让人知道你很想成交的时候，你就已经失败了一半。这些细节都是至关重要的。

既然生活中的砍价行为无所不在，那么我们应该如何训练自己这种本事呢？会砍价的人，在悄无声息中达成自己的目标，并且在心理上怡然自得。他们享受砍价行为，在与人讨价还价中收获了更多快乐。怎样砍价，还是大有学问的，不妨从下面几点入手。

1. 声东击西法

在商店里发现了自己需要的货物，别急着询问价格，也别与店主讨价还价。这时候，不妨多打听几种其他物品的价格、质量等，等老板费尽口舌之后，再"随便"打听一下你要买的货物价格是多少，使对方摸不着你的消费心理。这样做可以充分表现出你的内行、务实，价不实决不肯买，此时砍价往往成功。

2. 挑肥拣瘦法

先不动声色地走进店里，看准了店里没有什么，你就偏要什么，让店主先有几分惭愧。如果发现了心爱的货物，不要失声尖叫，也别喜形于色，继续保持你的镇定，装出无所谓的样子，隐藏自己的真实欲望。譬如购买一条高档红色连衣裙，当你发现货摊上正好没有白色连衣裙时，你便对摊主说要买白色连衣裙，其他颜色都不理想。这时候，摊主出于促销心理，你再砍价，更容易达到目的。

3. 掏空腰包法

在砍价中要善于打"持久战"，往往在消费过程中，谁性急谁吃亏，谁养成一种讲价耐心，谁就会最终获得价格上的优胜权。如果没有其他的办法了，可以先讲好价钱，付钱的时候有意掏空腰包，以身上的现金不够为由委婉砍价。

4. 试探砍价法

把货物拿在手里，不急着检查质量如何，先说出它的种种缺点，给对方很大的压力。这样一来，价格上自然就有了商量的余地。很简单，在顾客"不满意"的情况买的东西，店主在价格上还能不让步吗？你也可以以推销员身份前去向摊主推销同种物品，试探批发实价，然后到别摊"揭出"批发价码，摊主认为你很内行，砍价会有更多胜算。

5. 差季砍价法

对不轻易过时的物品，进行差季购买容易达到砍价的目标。由于卖主怕压货或为了资金流动，往往"含泪大酬宾"，此时你大砍价，就可以买到价廉物美的商品。当然，你要仔细甄别商品的质量，谨防上当受骗。

升职加薪：与老板达成共识的沟通

工作中付出了很多，自然要得到相应的回报。这不仅是生存的物质需要，也是个人价值实现的一种证明。通常，每个公司或组织都有相应的薪酬计划，但是当个人的付出与收入不成正比，也就是付出高于收入时，我们就有主动与老板或领导谈升职加薪的要求了。这时候，就需要运用谈判技巧。

在跟老板谈判涨薪水，开口之前，你必须分清什么是事实，什么是谎言。许多人过高估计薪金谈判的难度，认为唯有神助才能实现其成功。事实上，谈判只不过是"一场最终达成共识的对话"而已。当你克服了恐惧，那么你就是英雄，想要的薪资自然唾手可得。

1. 在新工作开始之际谈薪水

谈到升职加薪，许多人以为那只是工作了一段时间以后才发生的事情。其实，谋求一份新工作的时候，或者进入一家新公司的时候，这种谈判就已经开始了。为新工作进行谈判将是你事业的重大转机，能大大增加你的薪水。如果有人为你提供工作机会，这意味着你的职业技能有市场。就当前收入加薪，薪酬可能会提高5%，如果幸运的话有可能是10%。

调查显示，15%～20%的人从未就新职位的薪水进行过谈判或提出任何异议。更多的人由于未做准备，让本来可以增长的那部分薪水白白溜走。无论哪个行业，谈判高手都能增加薪酬吗？错。在有些行业，如非营利组织、政府工作部门和教育部门，他们有各自的薪金订立规则。有时候，薪金范畴由政策决定，其他时候，职位不同薪金各有不同。而且市场形势和资历也会导致薪资谈判行不通。

具体来说，当面试时被问及当前薪金水平，不能隐瞒。通常，在谈判的开始不久，你就会被问到这个话题。需要指出的是，大多数情况下，你应该按照你的现有市场价值决定薪金数额，而不是参照你当前的薪金水平或周围同行的薪金水平。在这个基础上，你可以根据个人能力大小、业务专长，以及公司的需求程度，与招聘者或老板进行协商薪水的高低。

当然，协商具体的薪水需要技巧。事实上，最重要的是怎么说而不是说什么。通常你的身体语言、坐姿、站姿以及说话方式，都将决定别人对你的看法。还有就是，你必须在谈话中摸清对方对你的认同度，如果对方非常认可你，而你也是该公司迫切需要的人才，那么再谈论薪水就非常容易了。

此外需要注意的是，在薪水谈判中你要表现出谦恭的样子。通常在初次提出薪金数额时，招聘经理会故意留些回旋的余地，商讨之后敲定数额，他们实际上预计你对薪金数额会有异议。总之，掌握与人沟通的技巧，在不卑不亢中和谈，一切都有商量的余地。

2. 老员工如何跟领导谈加薪

在一个公司工作久了，而自己的付出得不到回报，在薪水上无法体现，就需要跟负责人谈增加薪水了。提升职或加薪，不是要多点钱或者有个更好职位这么简单，这是一次很正式的沟通，能够帮你确定很多事情，比如公司对你价值的评估，你上级对你价值的评估，等等。如果可以实现良好的沟通，不但能增加薪水，还能深入地了解自己在公司中的位置，以及未来的发展方向，对个人成长与职业空间发展大有裨益。

需要谨记的是，不要直接走进老板办公室要求加薪，并且说着"我不知道你是否会想到，但是……"或是"我不知道是否还有商量的空间，但是……"之类的话。办公室的每个人都该遵守同一定薪规则。在每一个组织里，有些人总比其他人更优秀，他们就像明星一样对公司来说价值更大。为此，你在加薪谈判时要熟悉常规的操作流程：

（1）书面提出。给你的领导认真发一封邮件，或者写一封信，回答下面这些问题：你为什么觉得自己可以升职或者加薪？你为什么选择这个时候提出来？你想如薪多少（幅度范围）？为什么可以加这么多？通常，领导给你回复的时间拖得越长，表明他对你价值的认可度就越低，对此务必要心里有数，不可鲁莽而为。

（2）进行面谈。如果你的价值对公司很重要，或者上司是一个很有魄力的人，他会直接回复你，答应你的要求。此外，通常的情况是上司找你单独谈话。在这种情况下，你要让对方说话，因为你该说的都在邮件、信件上说清楚了。从上司的口里，你可以进一步地了解到他个人和公司对你工作价值和潜力的认可程度，很大的可能你会发现你的考虑和上层的考虑有很大出入，这是你们接下来谈判的重要主题。你的任务就是，如何阐明自己的价值，求得加薪的可能。

（3）对结果做出反馈。经过一番谈判，领导对你的价值认可，给你加薪，这是最好的结果。如果与之相反，那么你的自尊心会受到打击，这时候你需要综合领导的意见，并结合自己的下一步打算，做出最后的决断。要么忍气吞声继续做下去，要么选择离开。总之，只要自己业务熟练，是有用之才，换个地方也无所谓，那是展翅高飞的新机会。

最后，需要指出的是，今天的社会是互相选择的。请记住，加薪不是乞讨，你一定要开口提要求，否则在追求利润最大化的情况下，公司会节约一切开支。记住，这是你的正当权益，不是乞讨，要底气十足，当然，凡事要讲究方式方法，坦然而善谋。另外，如果领导不答应你的加薪请求，先别垂头丧气、急着想调头就走，不妨当场讨教上司"到底怎样才能达到加薪的要求"，从而为自己日后发展得到有益的警示。

若老板真凭实据地列举你有待改进的部分，那就谨记在心，及时改进以作为下次谈判的筹码。不然，若老板只是打哈哈随便应付，或许你可以使出"离职"这个撒手锏来加以试探。当然，提出离职只是一种试探，除非你早已留有后路。否则，一旦评估有所闪失，或许老板也会将错就错地批准你的要求。那时，可谓是赔了夫人又折兵。

商业交涉：贸易背后所做的博弈策略

生意是谈出来的，经商赚钱是与人打交道的过程，从陌生到熟悉，从不认识到成为生意上的伙伴，整个过程是一个谈判的过程。商业世界里的谈判是一种讨价还价，却又不是那么简单，因为它涉及人情、世情，以及当事人的价值观、心理素质。这就需要我们掌握商业谈判的沟通技巧，重视采用科学的谈判方式达成目标。奥雷利安·科尔松，法国ESSEC商学院教授、谈判教学与研究中心主任说："充分、科学的谈判是现实可行的和谐之道。在任何一种冲突中，直接忽略谈判，或者采用非科学的谈判方式，结果都不会乐观。"

生意本身是求和的，在商业交涉中不必颐指气使，而应放下架子，保持平和的心态与人沟通。有了这样的心思，做事也就容易多了。美国的谈判大师荷伯·科恩一次飞往墨西哥城去主持谈判研讨会。抵达目的地时，旅馆服务员告诉他已"客满"。此时科恩施展了他的看家本领，找到了旅馆经理问："如果墨西哥总统来了怎么办？你们是否会给他一个房间？"经理答道："是的，先生。"科恩接着说："好吧，总统没有来，所以我就住他那间了。"结果他顺利地住进了"总统套房"，附加条件是总统来了必须立即让出。

谈判不是说我们坐下来，我出一个价，你接受我们就签约，不接受我就提点价，直到你接受为止。这样的说法把谈判过于简单化了。综合来看，商业谈判是让价值最大化的艺术。成功的谈判应该在价值的最大化之后，再进入分配阶段——先共治后分割。为此，在商业交涉中要把握如下几点。

1. 先充分互相理解

"互相理解"是谈判成功的关键之一，也是价值最大化的前提。它既包括理解对方的意图、双方的共识和分歧，也包括理解双方的文化背景。在跨国商业谈判案例中，尤以后者最为重要。理解并不是说我们要同意对方所有的观点。但是我们的确应该搞清楚对方如何运作，从而建立互信、形成良好关系。为了知己知彼，一个很重要的步骤就是弄清楚对方所属的法律环境、利益诉求、发展计划等。

几年前，法国食品业巨头达能与娃哈哈之间展开了一系列合作但是，在后来的谈判中，这家外企在中国遭遇了滑铁卢。它上法院状告娃哈哈，非但没能让合作继续下去，反而让双方展开了一场旷日持久的争斗。它没有搞清楚一个重要问题，在中国做生意必须维护对方的面子，这样才能迎来好人缘，做成大生意。达能把通过和谈可以解决的问题诉诸法律，让本来有可能成功的谈判也因此触礁。这是缺乏理解的表现。

2. 发言之前先倾听

在商业沟通中，倾听是一项非常重要的技能。遗憾的是，绝大多数人都不具备这一能力，他们在与谈判对手沟通时，只是简单地聆听而非倾听。"聆听"只是做出听的样子，而"倾听"却是包括理解与反馈在内的所有听的过程。倾听，是需要注意力、理解力和记忆力的。

比如，在与客户沟通的时候，倾听能够对客户的行为和偏好产生影响的客户态度，将会为我们提供"一个更为坚实的基础，从而能够制定和实施旨在提高客户忠诚度的各项战略"。具体来说，首先要真心聆听，将身体转向说话的人，点头，微笑，并发出"嗯"的声音，你表现出倾听的动作，问题也就解决了一半。其次，简单复述已经听到的部分，为了避免产生误解，当客户在说话时，除了仔细聆听外，也要简单复述已经听到的部分，以确定没有听错客户的意思。

3. 熟悉"禁忌表"与"备忘录"

在商业交涉中，你要做到知己知彼，才能百战不殆。客户对产品或服务不满意，你前去交涉的时候，首先要搞清楚客户的来头，对方的负责人多大年纪，说话方式如何，等等。明确其中的禁忌，熟悉客户的一系列资料，都有助于你在商业交涉与谈判中有的放矢。另外，如果对方是外国人，那么其商业文化和人文特质就会左右谈判进程，这时候更需要熟悉对方的商业文化差异、生活习俗背景，避免犯低级错误。

在《谈判的艺术》一书中，科尔松教授总结了诸多谈判暗礁，可以为我们提供借鉴。比如，谈判之前缺乏经验分析、坚信强硬就不会落败、迷信竞争性谈判和谈判未开始便想着让步。此外，把谈判实质与关系混淆、坚信解决方案是唯一的拒绝解释、妄自尊大以及谈判狂也都可能导致谈判失败。所以，成功的谈判者总是在谈判一开始就列出了"禁忌表"与"备忘录"。

4. 重视谈判之外的相关利益方

谈判者本身是某一组织或集团利益的代表，他或者是利益的受益人，或者是委托人。在商业交涉或谈判中，我们不能忽视真正的利益方，以及相关利益方。始终重视与各相关利益主体保持良好的互动与互信，是赢得成功的关键。

一位台湾商人深有感触地说："在中国做生意，也许保持好与政府及商业合作伙伴的关系是谈判成功的最主要因素。但是在欧洲则需要把这种对于关系与各方利益的思考扩展至更大的范围。他们更重视人的因素。因此企业雇员、工会和社区，方方面面的关系都要顾及。"

谈判首先是沟通。在复杂的谈判中，无论是利益方、谈判流程还是沟通方式都较普通谈判有着更特殊的要求。在多层级、多主体的谈判中，更要重视利益相关方的诉求。需要明确的一点是，谈判不能解决一切问题，但"一场好的谈剡无疑对于各方都是有益的，且这种利益创造是长期的。"

第二章
说话得体，引爆气场靠沟通

　　一个人生于尘世间，要想生存下去，就必须和周围的人打交道，因为没有人是独立的个体。而在打交道的过程中，势必要和他人进行沟通。沟通得好，人生才会快乐、幸福；沟通得不好，人生也将充满失落和痛苦。所以，学好沟通学，就相当于学会了做人的哲学。

话说得好，事才能办得顺

　　"说得体的话，做得体的事"。这句话出自西班牙著名哲学家、思想家巴尔塔沙·葛拉西安所写的《智慧书》中。《智慧书》和意大利政治家、思想家尼可罗·马基雅维利写的《君主论》，我国伟大的军事家、春秋时期吴国将军孙武写的《孙子兵法》被称为人类史上的三大处世智慧奇书，具有永恒的学习价值。

"说得体的话，做得体的事"。这句话的意思很简单，就是告诉我们说话、做事要符合自己的身份或说话时的环境。此话虽然简单，但是却不容易做到。因为一个人的表达方式离不开语言和行为，只有正确的语言和行为，才能造就一个人正确的表达方式。所以，一个人要想说话、做事都得体，就必须具备相当的智慧才行。此外，语言的功能是弥补行为的不足。因此，语言在一个人的表达方式中发挥着不可或缺的关键作用。所以我才说，沟通学，其实就是做人的哲学。

尤其是在我们中国这个讲究人情世故的国度，不会说话，就办不好事，甚至是办不成事。所以我们带常强调得体说话，灵活办事。纵观华夏五千年，不论是政坛精英还是商贾巨子，抑或是平头百姓，凡是取得了一番伟大功绩的人，都是会说得体话，会做得体事的人。

烽火纷飞的战国时期，纵横家苏秦靠着自己的三寸不烂之舌游说六国，向六国分析天下大势，并告诉它们强秦逐鹿中原的野心是要消灭六国，最终他促成了六国联合抗秦，他也执掌六国相印。

越王勾践因疏忽大意兵败被吴王擒获，他以机智的言行获得了吴王的谅解，躲过了杀头的罪名，然后卧薪尝胆、励精图治，最终打败了吴国，取得了一代霸主的地位。

蔺相如作为赵国的第一名相，以口才犀利著称，他完璧归赵，和秦王斗智斗勇巧妙周旋，令秦王不敢攻打赵国，这一切都离不开他能说一口得体的话。

之外，还有曾国藩，清朝名相，一生中靠着说得体话，做得体事在伴君如伴虎的官场中权倾朝野，却也能善始善终。

一人之辩重于九鼎之宝，三寸之舌强于百万之师。这些人正是靠着得体说话、得体做事的智慧，最终成就了自己。无论何时，说话得体都是一种本事，是人生中重要的财富。只要你拥有了这种财富，你就再也没有什么不好说，不会说，不敢说，不能说的顾忌了。

下面我们再来看看拥有铁齿铜牙之称的纪晓岚的故事，看看他是怎么说得体话的。

有一天晚上，乾隆一个人待在御书房，这时候纪晓岚有事求见。乾隆正闷得慌，心想纪晓岚来得正好，可以给自己解解闷。乾隆对纪晓岚说："皇后生了个孩子，你写首诗祝贺一下吧。"

纪晓岚脱口而出："吾皇今日降真龙。"

乾隆说："不是儿子。"

纪晓岚当即改口说："月里嫦娥下九重。"

乾隆伤心地说："真是不幸啊，公主夭折了。"

纪晓岚又一脸忧伤地说："想必人间留不住。"

乾隆又向纪晓岚发难："她是掉在水里淹死的。"

纪晓岚再次不慌不忙地说道："窝身跳入水晶宫。"

乾隆被纪晓岚绝佳的口才深深折服了，对他赞许地点了点头，从加看重纪晓岚。

我们看看纪晓岚，他在面对乾隆的刁难时，总能出口成章说话。更可贵的在于，他不仅能在好事上锦上添花，还能把坏事说得含蓄动听，这就是他深得皇上喜爱的原因。试想一下，如果我们也能轻松地得体的话，能不受周围的人欢迎吗？

但他们不会说得体话，以至于无法用正确的语言把自己想要表达的信息出去，从而给自己造成了一系列的困扰，这就是他们平庸的根源。所以，要想广结人缘，借人成事，就一定要掌握沟通这门语言艺术。

当你能够做到说得体的话，做得体的事这一点时，你就离成功不远了或，你已经成功了。

说到点子上，事半功倍

古人关于口才方面的名言真是太多了，像"一人之辩，重于九鼎之宝；三寸之舌，强于百万之师"等此类名言就不多说了，今天给大家说一句大家很少听到的，甚至是没有听过的。有一句话古人是这样说的："遇沉沉不语之士，且莫输心；见悻悻自好之人，应须防口。"这句话的意思是什么呢？就是说与沉默寡言、表情阴沉的人交谈时，不要把自己的心里话告诉对方；而如果碰到的人是那种固执己见、傲慢自负的人，就要管住自己的嘴巴了，不要乱说话。

当然，我们引用这句话并不是要给大家讲如何同沉默寡言或者是固执己见的沟通，而是想由小及大，告诉大家说话一定要懂得变通，要审时度势，分清场合看清对象，灵活地运用沟通这门语言艺术。在与人沟通时，要根据时机、环境、场合等的变化而选择不同的说话方式，如此才能说出得体的语言。

唐宋八大家之一的苏洵曾经在自己的一篇文章里说过一个沟通能力超强的谋士。话说这个谋士在与人沟通时，非常擅长审时度势，灵活应变。有一天，有个人和谋士打赌，说只要谋士能让三个人都跨过一个深沟，谋士就赢了。

这三个人各有各的特点，为了便于记忆，我们把这三个人称为A、B、C。A很喜欢被人称为勇士；B胆量一般，但很爱对；C胆子很小，非常惜命。

谋士和这三个人来到深沟面前。他对A说："胆小鬼才不敢跳过去。"话音刚落，A就跃身而过，A想以此举动来展示自己的勇敢。

谋士对B说："谁要是能跳过去这个深沟，将会获得一笔钱财。"话音刚落，B咬着牙也跃身而过。

当只剩下C时，谋士知道名誉和金钱都对这个胆小的人没有丝毫用处，命对他来说才是最重要的。于是谋士满脸惊恐地喊："老虎来了，快过去。"听到谋士的喊声，C来不及辨别真假，就纵身一跃，跳过那条深沟。

故事中的谋士绝对掌握了沟通的真谛，他懂得审时度势，在对象不同的时候选择不同的沟通方式，以此来达到自己的目的。如果他对三个人都用"跳过去就是勇士"或者"跳过去就给钱"这些话来激励他们，大家说，他还能赢吗？

我们再来看下一个故事。

秦朝末年，项羽率兵攻打战略重镇外黄，遭到了外黄驻军的顽强抵抗。战争打得很激烈，项羽看着多日无法攻破城门，心里很焦急。一天中午，项羽正在思考自己用不用亲自披挂上阵时，手下官员来报："大王，外黄的驻军投奔到彭越旗下了。"

项羽一听非常生气，认为彭越坐收渔翁之利，便当场发令：踏平外黄，活捉彭越。彭越也不傻，他自知实力不如项羽，不能硬拼，就率领军队悄悄撤出了外黄。项羽为了报复彭越，就下令把外黄城里15岁以上的男丁全部活埋。

这可是一道酷刑啊，简直是惨无人道。很多人听到这个消息后，都跑去请项羽收回成命，但任凭很多人磨破了嘴皮子，项羽也不为所动。这时城中有一个10罗的孩子对他父亲说："父亲，让我去说服楚王收回成命吧，我肯定能做到。"

这位父亲知道儿子平时能说会道，口才很好，加之眼下没有更好的办法，只得同意让孩子去试试。这孩子来到项羽所住的王府，对门卫说："赶紧报告大王，我有要事求见。"

孩子见到项羽后，故作悲伤地说道："大王，彭越是个坏人，他来这里的目的就是为了侵吞我们的家财，我们怕他毁坏城池，就假意向他投降。其实我们早就希望大王来接管这个城镇了。可您到达后的第一件事却是活埋我们，您说，您让我们这些爱戴您的子民还怎么爱戴您呢？您要真这样做了，外黄的老百姓哪里还敢归顺您啊？"

项羽听了后觉得很有道理，便取消了那条命令。

这个孩子真是太聪明了，他知道项羽不仅爱慕虚荣，还想赢得民心，于是就从这两个方面陈情。更为重要的是，孩子知道项羽恨透了彭越，于是就在沟通的过程中将彭越贬低，抬高项羽，这样一来，就赢得了项羽的认同。如果这个孩子也是和他人那样一味低三下四地求情，势必无法说动项羽。

在平时的交谈中，我们发现不少人在说话时都不分对象和场合，觉得一个话题可以同任何人在任何场合下讲，殊不知这种不恰当的沟通方式往往会在不知不觉中得罪许多人，给自己造成许多不必要的麻烦，甚至造成一些难以挽回的损失。

我们中国人经常说一句话"因人摆桌，看菜下碟"，说的就是说话要审时度势这个道理。在与他人交谈之前，我们要弄清楚对方的年龄、身份、地位、性格、职业、文化程度，甚至脾气秉性等，然后再根据不同的场合、不同的处境选择有针对性的交谈方式。只有这样，我们才能迎合对方的心理，博得对方的好感，才有可能达到自己的目的。

不是经验不靠谱，只是这世界变化快

别执着于经验，养成迅速适应环境的习惯。

这个要点是非常重要的。因为我们发现生活中很多人在沟通时往往会靠着经验说话，从而给自己造成了很多困扰。

比如说我们去商店买衣服，最后挑选了一件衣服，导购报价180元。我们往往会说太贵了，能不能便宜点？导购接过我们的话荐说可以啊，你出个价吧。结果你说130元，导购说可以，结果130元卖给你了。拿到衣服后你不仅没有感到高兴，反而觉得失落，认为自己买贵了，说不定100元就可以买到。

其实在这个过程中，就是因为我们犯了经验主义错误，才脱口而出、给了导购一个价位，让自己中了圈套。如果我们当初能迅速适应这个环境，不急于给出价位，而是反问导购，说不定就可以以更低的价格购得这件衣服。

生活中，我们常常会太依赖以往的沟通经验。

张先生在一家私企担任中层。一次，他们公司要和俄罗斯一家企业谈判关于合资经营一项高新技术方面的问题。在谈判的过程中，对方以其掌握核心技术为由，漫天要价，导致谈判无法顺利进行。

谈判暂时搁浅后，张先生并没有急于进行再次谈判，更没有继续央求对方能把价格开低一点。因为当天下午有一场会议，各方代表都要在会议上进行发言和演讲。轮到张先生发言后，张先生舍弃了前天晚上准备的演讲稿，他要进行脱稿演讲。

他对着话筒说："我们中国是拥有五千多年历史的华夏古国，这五千多年的历史中，我们的祖先创造了很多划时代的发明，并且在一千多年前就将最著名的四大发明的生产技术无私地奉献给了全世界的人类，而我们作为他们的后代，并没有认为他们抛弃专利的做法是愚蠢的，反而赞扬他们为推动世界发展做出了伟大的贡献。今天，中国与世界各国企业进行合作，并没有要求各国无条件转让技术，而只是希望各国能给一个合理的价格，我们并不会少付一分钱。"

张先生虽然简短但却非常精彩的发言，赢得了台下的热烈掌声。最终，俄罗斯企业在谈判中让步了，双方的合作得以实现。

张先生在谈判中并没有按照以往的经验，和对方在谈判桌上针锋相对，因为他知道这样并不能产生很好的效果。同时，他利用当天下午的那场会议上的发言，把自己的要求在演讲中巧妙地表达了出来，并且具有很强的游说力度。他正是靠着自己能迅速适应环境的习惯，让自己的沟通取得了完美的成功。

生活中，我们不会永远在同一个场合、同一种环境中生活，所以，也不能把以往的经验奉为圭臬。沟通是一门艺术，重在灵活和机巧。我们必须学会在不同环境中运用不同沟通方法的本领。如果总是一个经验用十年，那势必会让我们在沟通中陷入死胡同，无法成为一个沟通高手。到最后吃亏的，还是我们自己。

没有反馈，你就不知道对方怎么想

那么沟通等于什么呢？沟通表达倾听反馈。表达就是说，倾听就是听，这些大家都知道。至于反馈，就是说者或问者得到自己想要的结果。完整有效的沟通包含了这三个方面，缺一不可。

工作生活中，很多人都只注重表达和倾听，常常会忽略反馈这个重要因素。这也给他们的沟通效果造成了很大的困扰，从而导致他们失去了很多成功的机会，有的甚至还因此失去了宝贵的生命。

很多年前外国一家航空公司的航班发生了一起空难，空难事故中飞机上的73名人员全部遇难，无一生还。

那天傍晚的时候，这架航班飞行在南新泽西海岸上空1万多米的高空，当时航班上的油量还很多，可以维持两个小时的飞行，机组上的工作人员都很放心。因为正常情况下降落到下一个机场只需要半小时的时间。

事有不巧。那天又发生了一系列事情，导致航班不能准时降落，必须在机场上空盘旋待命。飞机在机场上空盘旋了一个小时，副驾驶员向机场报告说飞机上的油要用完了。机场人员收到了这一信息，但又过了半个多小时，航班依然没有被批准降落。在这半个多小时里，副驾驶员再也没有向机场报告任何危急情况，但航班上的机组成员却彼此间互相通知飞机没有油了。

当航班第一次试降时，飞机油箱里的油几乎就要消耗殆尽，更为可怕的是，第一次试降失败了。就在第二次试降的过程中，机组成员再次提到机箱里的油将要用尽。但驾驶员却告诉机场人员新分配的跑道"可行"。就在第二次试降的过程中，灾难发生了。航班的两个引擎因为缺乏燃料相继停止工作，不到一分钟，其他两个引擎也停止工作。

此时，航班机箱里彻底没油了，无法继续飞行的航班最终坠毁。

事故发生后，很多人都对这起事故进行了讨论。有人说是机场管理人员的责任，有的说是驾驶员的责任，有的说是副驾驶员的责任。其实，当调查人员对这一事故进行了深入调查后发现，最大的罪魁祸首是沟通。航班上的工作人员与机场的工作人员之间的沟通障碍，导致了这场惨痛事故的发生。

下面给大家具体分析一下这里面的沟通障碍到底是什么。飞行员总是告诉机场管理员飞机缺油，但没有获得机场管理员的明确反馈。而第一次告知飞机燃料不足后的半个多小时里，驾驶员依然没有去争取机场管理员的反馈。这里的有效反馈是什么呢？就是机场管理员收到飞机燃料不足的信息后，应该明确告诉驾驶员应该怎么做，这才是有效的反馈。

如果驾驶员得不到机场管理人员的有效反馈，能及时争取反馈，必将引起机场管理人员的重视，在生命财产安全面前，一切规则都是可以抛弃的，机场也肯定会优先引导航班降落。再者，当机组成员再次提到机箱里的油将要用尽时，但驾驶员却告诉机场人员新分配的跑道"可行"，这也是错误和无效的反馈。同时，驾驶员没有准确地传递飞机燃料的危急情况，这也是造成飞机失事的一大主因。

反馈这一环节在沟通中起着举足轻重的作用，缺少了有效的反馈，就相当于沟通失败了。因为沟通是一个完整的、双向的过程，只有发送者把自己想要表达的信息发送给接收者，而接收者会根据这些信息给发送者一个有效的反馈，这个沟通过程才算完成了。

所以，我们在和他人沟通的过程中，想要让沟通得以完美的结束，就必须学会有效反馈。

在我们看来，反馈一般分为两种，一种是正面反馈，一种是建设性反馈。正面反馈是指对对方说的话给予赞同、理解等积极的回应。建设性反馈是指你在收到对方的信息后，觉得对方还可以做得更好，或者是对方还存在不足，此时你提出的反馈可以更好地帮助到对方，这就是建设性反馈。

就拿航班坠毁这个事例来说，机场管理人员在得知飞机燃料不足后，不能说我知道了，这是无效反馈。而应该说燃料还有多少？还可以飞行多久？以及如何做才能不让飞机失事，等等，这些才是有效的反馈。

下面再给大家简要地说一下我们在对接收到的信息进行反馈时，应该遵循哪些原则？

1. 反馈要对对方的需求进行回应

这个要点里面还有两个细节方面的问题需要我们注意：第一，我们要对自己是否正确理解了对方的意图进行反馈。比如，你的意思是说后天你无法参加这个会议，对吧？你刚才主要讲了两点……对吗？

第二，要针对具体的事情进行反馈。比如，王总刚才讲了预算方面的几个重要问题，我再补充一下关于定额方面的问题。

2. 反馈要具体、明确

模糊不清，没有表明鲜明观点的反馈，是无效反馈，比如，我知道了、你这样不对，等等，这些都是很笼统的反馈，不仅无助于解决问题，还会使对方产生负面情绪。所以属于无效反馈。而诸如：这种做法的好处在于一……二……坏处在于一……二……你应该……这种反馈就属于具体、明确的反馈。

3. 反馈不能带有主观色彩，要对事不对人

有效的反馈是针对具体的事情和行为进行反馈，而不是针对当事人，我们应该着重描述事实而不是对当事人进行判断和评价。

以上这几点是反馈中必须遵循的原则，只有按这几个原则进行反馈，才是最有效的反馈，才能让我们的沟通更加完美。

第三章
摸透意图，成功的谈判从倾听开始

只有说没有听就没有交流，没有交流就没有合作，谈判中第一位重要的不是说，因为谈判不是考验口才的演讲课，而是听，只有通过倾听你才会掌握尽可能多大的信息。

知己知彼，百战不殆

谈判要想成功，必须能够做到知己知彼，而怎样知彼的关键是倾听谈判对手的弦外之音，摸清楚谈判对手的意图，才好对症下药，百战不殆。

那么，何为"知己知彼，百战不殆"？

《孙子兵法》中有一句话："知彼知己，百战不殆；不知彼而知己，一胜一负；不知彼不知己，每战必殆。"意思是，既了解敌人，又了解自己，就会百战百胜；不了解敌人，而只了解自己，胜败的可能各半；既不了解敌人，也不了解自己，那就每战必败了。

了解自己容易，要想充分了解别人就不是那么容易的事情了，这时候需要做的就是要在谈判中倾听对方的需求，在倾听中做了解。

只有对谈判对手有了充分的了解，才能够制定相应的谈判计划，实施正确的谈判策略，取得预期的谈判目的。这就是谈判中"知己知彼，百战不殆"的智慧。

比如，谈恋爱的时候，你要知道对方喜欢什么类型的恋人，对性格、身高等有什么偏好，然后再去接触、去沟通，就容易得手了。性格比较冲动的人，在恋爱过程中很容易被对方的外表和甜蜜的言辞所迷惑，这样的情况下难免会盲目地投入到恋惰中，这样的结果往往是得不到好的结果。所以，在交往之前就需要先充分了解这个人再做判断。

知己知彼，归根结底就是要清除对方的心理忧虑，掌握对方的心理，让别人放心地和你交往。知己知彼在人际交往中尤其重要。而最能反映这种心理策略重要性的活动，莫过于商业谈判。

相反，不知彼，只知己，却常常影响谈判效果，甚至使谈判失败。

有一位经营教材出版的商人，正在寻找长期合作的印刷厂来印刷教材和参考书等。在电话中，这位商人特意和印刷厂的工作人员提到了自己是经营教材出版的，希望能在见面的时候看到该印刷厂的教材样品书。

然而不幸的是，这位印刷厂的工作人员在电话沟通的时候没有好好倾听这位商人的需要，见面的时候非但没有把教材样品书带来，却带来了很多的化妆品、各式杂志、产品包装等样纸，唯独不见教材。

此外，业务员还不断强调他们印刷厂在印刷市场的丰富的经验，甚至于他本人从部队退伍后就从事这个行业的细小事情都提到了。这让提前打电话进行过沟通的出版商人异常郁闷，不难预测，这次的生意没有做成。

这位印刷厂的业务人员就是犯了一个谈判中致命的错误，没有倾听，也就没有做到知己知彼。他连客户是什么样的需求都没有搞清楚，反而事无巨细向客户介绍自己印刷厂的全部业务，最后生意黄了也是情理之中的。

可见，在谈判中表现能力的不是谁够滔滔不绝地说话，你叽里呱啦说了一大堆，如果不知道对方的需求，还是不能达到谈判的终极目的。

所以要做到知己知彼，首先要学会的就是倾听对方的需求，而在摸清对方情况的倾听过程中，也有几点是值得注意的：

1. 全神贯注倾听，在倾听中抓取有用信息

在谈判的过程中，倾听对方讲话一定要全神贯注，充分调配自己的经验和感情，让自己的大脑处于紧张的状态，只有这样，才能在倾听中摸清谈判对手的观点，及时做出反应，并快速制定应对策略。

2. 保持客观的态度

谈判之前的准备工作往往使你在进入谈判角色前就对谈判

有了一个心理预期，如果谈判的进行与你的预期不符，很容易导致自己接受新信息时候的态度，从而也会影响自己的判断。因此，要想真正做到知己知彼，还要有一个客观的心态，这样才能将对方的谈话意思听完全，听透彻。

3. 选择熟悉的环境

所谓熟悉的环境，实际上就是有利于自己取得谈判成功的环境，只有在一个熟悉而舒适的环境中，才能更好地将自己的精力放于谈判上面，这样不仅会增强自己的谈判信心，还会在无形中提高自己的谈判实力。

4. 注意自己的礼仪

谈判虽然是双方的博弈，但是博弈并不代表着绝对的敌对，也不代表可以表现得不尊重对方，基本的礼仪还是要做到的，特别是不能表现出对对方的轻视和不屑，因为这种行为往往影响到你判断对方提供信息的真伪，也就不会真正做到知己知彼。

5. 随机应变

做到这一点并不容易，因为谈判中往往会涉及很多专业术语，有些问题也许是你所不了解的，这个时候就要做到随机应变，用心体会对方提到专业问题的真实用意。为了避免谈判中类似的尴尬，谈判前的准备工作是不得不做的，在平时就应该多加锻炼，多加思考，培养自己遇问题不凌乱、不慌张的能力。

判断对方是否有决定权

　　谈判的成功在于，选择的谈判对象是正确的，如果连谈判对象都搞错了，谈判成功从何而来呢？那么，如何在谈判的第一个环节就保证自己的谈判不会白费呢？很显然，那就是要选择有决定权的谈判对象。这里说的决定权并不是有钱人，所谓决定权，是指那些能够做出"是"与"否"的决定的人。

　　比如，很多公司会帮员工找房，只要在公司允许的范围内，付钱的是公司，然而决定权却在员工。为什么？因为最后决定要不要租的那个人是员工，换句话说就是，决定权在员工手里。

　　所以，搞定谁有决定权，然后集中精力说服他，比说服其他不相干的人有用一百倍。

　　那么，在这里，就有一个怎么判断一个人是否有决定权的问题。谈判中少不了谈话，主动问一些带有目的性的问题，从客户的回答中抓住取蛛丝马迹，就可以发现谁有决策大权了。

　　要想快速判断谈判对象是否具有决定权，你可以在谈判中时常问对方："他们通常都会听从您的推荐，是吗？"

　　一般这样的问题会有两种回答，一种回答是"YES"，一种回答是"NO"。如果对方回答是的话，很显然他足有决定权的，那么你接卜来的谈判工作就好开展多了。

　　可是，如果是否定回答呢？你就有必要不断地问对方类似的问题，理想的情况是他会回答你尽力替你在组织那里争取。

而往往到了这一步，对方实际上也就把自己的身份透露了，事实上，他很可能就是那个所谓的"组织""上级"。这种请示只不过是一种谈判技巧罢了。

有一个年轻人，1962年初到美国加利福尼亚州的银行工作，由于不适应忙碌的工作状态，在蒙哥马利百货公司申请了一份实习工作。

在实习开始前，这位年轻人必须接受商店经理约翰逊·罗的面试。由于各种原因，面试并不顺利，最后，罗经理告诉这位年轻人："非常感谢你来参加这次面试，我会向总部报告这件事情的，他们会给你消息的。"

这位年轻人马上说："你会向他们推荐我的，对吧？"听完这句话，商店经理开始了激烈的思想斗争。因为，他并不打算向什么总部推荐这位年轻人。可是他又不能直接拒绝这位年轻人，因为这样很容易使对方产生对抗情绪。

罗经理思考了几分钟，说道："好吧，是，我可以给你一次机会。"并且马上告诉这位年轻人，根本不存在什么总部，他本人就能做决定。

可见，在谈判中，如果你不知道谈判对象是否具有最后的决定权，必须学会在谈话中去判断对方是否手握决定权。如果这位年轻人在听到商店经理要向总部请示的时候悻悻离开，也就不会有经理激烈的思想挣扎，那这次实习的机会也就失去了。正因为他努力在谈话中去试探这位商店经理有没有最后的决定权，才取得了面试谈判的成功。

可见，如果你在谈判中遇到对方会说"我需要请示总部""我需要问一下董事会的意见""我需要向我们的法律部门咨询一下"等情况时，你要警惕这是不是对方使用的谈判技巧，否则，你觉得自己永远见不到有真正决定权的人，永远只能被对方牵着鼻子走，无法掌握对方的身份，成功的谈判又从何开始呢？

而对付那些在谈判一开始就宣称自己有权做出最后决定的人就更加容易了，因为他们首先把自己放在了不利的位置上。因为一旦这样的客户表示出了同意的意向，也就是告诉你这笔交易确定无疑了。

此外，还有一个特别值得注意的现象就是，没有决定权的谈判对手在谈判中一般是使用模糊的实体作为"更高权威"。因为，他知道，一旦他明确告诉你他的请示对象是他的上司，你要做的就是直接与他的上司谈判。

显然，只有模糊的实体才能保证自己的谈判安全，所以在谈判中抓住那些模糊的"更高权威"是你判断对方有没有决定权的关键。

不难看出，判断对方是否具有最后的决定权的关键还是要注意听对方的回答，因为成功的谈判就是从倾听开始的。

换位思考更易于理解对手

在谈判中摸清对方意图并不是一件容易的事，因为，你并不是对方的朋友、亲人，他不会心甘情愿地与你分享内心的真实想法，他认为和你分享心事是没有意义的。

那么不了解谈判对象的真实想法，又怎么做到知己知彼，百战不殆呢？成功的谈判又从何开始呢？所以谈判，要做到充分了解对手。而了解对手最快速最有效的方式就是学会与客户换位思考。这是长期与客户接触的人都知道的。有换位思考，对方才能和你交心，才能放心地跟你合作，这是走进客户内心的必然选择。

谈判实际上就是矛盾的双方进行攻坚战的游戏。双方都希望自己是胜利的一方，而对方是失败的角色。但谈判和真正的战斗截然不同，谈判通常要求谈判双方能够共存，能够共赢。将彼此的利益分别退让一步，寻求到利益的结合点。

而要做到与谈判对手共赢，就要把握住谈判的尺度，其中的一个方法就是要进行换位思考。

所谓换位思考，就是把自己放在对方的位置和角色上考察整个谈判过程，分析自己的条件或者行为能给对方造成的影响和结果。从而从对方的角度考虑对方的需要，根据对方的需要控制谈判的进程。

其实这样的谈判在日常生活中也是常见的。一对情侣约会，女方先到了，男方迟到非但不道歉，在女方质问的时候反而找各种理由搪塞，结果是大吵一架。这就是男方没有很好地做到换位思考。试想，男方换位思考一下，自己迟到不仅让女方独自等待良久，而争吵又伤了女方的心，那结果就可能完全不同了。

在商业谈判中更是如此，通常换位思考比正面交锋能带来更多的意外收获。

一位销售员跟领导拜访一位重要客户，由于是夏天，茶室里打开了电扇。大家聚在一起商讨问题的时候，领导提醒销售员把屋里的电扇关掉。原来，细心的他发现客户有些怕风。会谈结束后，领导询问客户的健康问题，才知道对方有老寒腿。

尽管自己要承受酷热的煎熬，但是这位领导却设身处地为客户着想，令对方异常感动。这件小事密切了双方的信任，加强了彼此的合作关系。

销售员亲历了整个过程，对领导的细心、风度大为钦佩。其实，这在很大程度上是他善于进行换位思考的结果。最大限度地从对方角度思考问题，进而权衡利弊、采取周密的行动，这也是每一位销售人员的制胜法宝。

中国有句古语：做人难、人难做、难做人。因此，做销售就要先做人，在和客户的接触过程中要将心比心，让对方感受到自己的真诚，感受到自己想帮助对方的心情，才能取得客户的信任，真正帮助客户。也只有这样，才能更容易做成生意，并且还有可能为自己发展长期客户。

那么，怎样培养自己与谈判对象换位思考呢？下面这几个小建议，或许是值得你借鉴的：

1. 学会迅速转变自己的角色

在谈判中要快速进入工作的角色，更好地为客户做好服务，急客户所急，想客户所想。只有完成这种角色转换，才可以在接下来的工作中做到快速地和客户换位，做到换位思考。

2. 想想你能为客户做什么

"我能为客户做什么"，这是谈判人员都要思考的问题。

明确自己的职责、能力，想到客户的真正需要是什么，那么你在与客户接触的过程中才能逐渐赢得客户的信赖和赏识。

3. 销售人员要有百折不挠的精神

工作的时候，随时都有心情低潮的时候。比如，一天的工作结束后，整个人都累垮了，但是客户的合作意向仍然不明显，这的确让人沮丧。这时候，你需要站在客户的角度想想，为什么不合作。可能是还有其他顾虑，可能是价格上还不满意，等等。

4. 在学习中适应客户的需求变化

适应客户需求的变化，是一个艰难的过程。改进的方式有很多种，其中最重要的就是学习，提高自己的技能。在一个知识爆炸的年代，不学习的人就只有被时代无情地淘汰。

换位思考是我国传统的道德要求，孔子倡导的"己所不欲，勿施于人"就是典型的代表。而在西方世界，也可以看到《马太福音》中有这样的记载："你们愿意别人怎样待你，你们也要怎样待人。"

找准成功谈判的切入点

一场成功谈判的取得，前提条件是对方愿意和你谈。那怎么开始一场谈判呢？首先就要找到谈判的切入点。

在人际交往中，交际的切入对交际的结果起着至关重要的作用。切入得好，交际圆满成功；切入得不好，就不能取得预期的效果。因此，找准成功交际的切入点是增进人际关系密切的基础。

商业谈判中更是要找准切入点。因为在商业谈判中，如果客户不能尽快做出是否合作的决定，很大程度上是不知道跟你合作的好处。

大多数人都遇到过那些一脸不想和自己合作的样子的客户，这个时候找到切入谈判正题的话题就尤为重要了。究竟是先和客户寒暄地打招呼，还是先和客户掏心掏肺地聊上一阵呢？如果客户只想和你闲聊，完全没有心思和你谈生意，那又该怎么办呢？

实际上，谈判在你开始接触客户的第一秒的时候，就已经拉开了序幕，那这个时候重要的不是向客户推销，而是营造适当的氛围，也就是要用自己营造的全面的氛围来引导谈判。因为在很多情况下，不是对方不想和你成交，而是当时的氛围不对，如果没有很好的分辨和营造气氛的能力，那也就很容易错失成交的好机会。

举个例子，你临时拜访了一位客户，却发现他正在公司的健身房里跑步，那你觉得这是一个适合谈判的好氛围吗？假如这位客户并没有立刻停止跑步，那么你就不应该在他跑步的时候谈生意。因为，在这个时候，客户不论在心情上还是在身体的专注力上都与你是不同的，就算之前的合作都很愉快，那这次沟通也很难达到最佳的效果。此时，你只有两个选择：第一，放弃这次不恰当的沟通机会；第二，将自己与客户放于同样的状态，即和客户一起跑步，待到运动结束，再做定夺。

　　这个故事就表明了一个道理，那就是当你和客户在相同的状态下，彼此的亲密度就会大幅提升，谈判成功的概率就大大增加了。可见，谈话的氛围也是进入谈判的很重要的切入点。

　　此外，大多数情况下人们会更注重语言的谈判，但谈判是一种全面性的感受，除了语言，我们还可以从态度、环境、肢体等等各方面作为成功谈判的切入点。你可以从以下几个方面努力：

　　（1）关心与他最亲近的人。任何人总是关心着自己最亲近的人，如果一旦发现了别人也在关心着自己所关心的人，大都会产生一种无比亲近的感觉。交际就可以利用人们这种共同的心理倾向，从关心他最亲近的人切入。

　　（2）在他心中建起"同胞"意识。"同胞"意识也就是亲情意识。能在交际之初迅速建立起"同胞"意识，就可以使对方放松对自己的警戒之心，而把自己接受为"自己人"。

　　（3）热情提供帮助。热情相助最能博得人的好感。日常生活中，那些具有古道热肠、为人厚道、不吝啬、好助人的人总能在邻里之间、同事之间获得好名声。因为人们一般都乐意与这些热心肠的人相识相交。

　　（4）保持善意的态度。人们一般都认为，双方矛盾爆发之后的一段时间，是交际的冰点。但如果此时一方能主动做出一个与对方预期截然相反的善意举动，就会使对方在惊愕、感叹、佩服、敬意之中认同你，从而化敌为友。

　　（5）多赞扬。人们都有一种显示自我价值的需要。真诚的赞扬不仅能激发人们积极的心理情绪，得到心理上的满足，还能使被赞扬者产生一种交往的冲动。如果你一开始就对对方进行称赞的话，他很难不对你留下好的印象。

所以，如果你还在用那千篇一律的谈判开场白，倒不如多在谈判中注意观察客户，台湾巨富陈永泰说过："聪明人都是透过别人的力量，去达到自己的目标。"用客户自己身上具有的特点，达到你的谈判目的，岂非明智之举？

可见，找准一个谈判的切入点对成功的谈判至关重要。当然，学会寻找谈判的切入点，与客户建立良好而长久的合作关系，并不是一朝一夕的事，那是在不断地交往过程中实现的。而这种能力不是天生的，需要在实践中不断磨炼。

少说多听：倾听是沟通的开始

倾听和说话哪个更重要，我认为二者都很重要，尤其前者更为重要。人的天性就是喜欢表现自己，所以往往喜欢通过滔滔不绝的谈话来提升自己的形象，展示自己的存在，所以大家都喜欢别人能够认真倾听自己的讲话，这也是为什么善于倾听的人更受欢迎，更容易受到人们的尊重和喜爱的原因。此外，倾听比说话更重要还表现在倾听可以获取更大的信息量，也会让人变得更理智和博学。这样就避免了自己在沟通中有意或无意地犯错误，制造沟通障碍。

张强是个非常优秀的员工，但却是个急性子，尤其是在沟通的过程中，不懂得认真倾听他人的讲话，总是不等别人说完就打断对方，开始发表自己的观点。这给他与别人之间的沟通造成了很大的障碍，他还为此吃过大亏。

张强因为出色的工作能力，被他的经理内定为下一位技术部的主管。张强对此也是非常高兴的，在工作中也更加卖力。张强的主管退休后，张强知道自己马上就要成为新任主管了。果不其然，在公司召开人事调动会议的前一天，张强被经理叫到办公室谈话。

经理说："小张啊，公司人事要有新变动了，明天就会宣布具体决定。今天我先给你透露一下。公司决定由小李（小张技术部的同事）来担任技术部的主管……"

张强听到达里后，当即觉得失望极了，因为技术部主管的位子应该是自己的，现在却花落别家，自己这是被经理给耍了。他当即打断经理的话，说："我正打算今天下午提交辞职请求呢！"

经理愣了一下，说："'你决定了？'"在得到张强的肯定答复后，经理叹着气说："那我也就不强人所难了，本来总公司这次点名要你去总部担任技术总监呢，这可比部门主管要厉害多了。好了，你下午去人力资源部办一下交接手续。"

这件事不管发生在谁身上，谁都会后悔不已。张强失去了一份非常好的工作，全是拜他不懂得倾听所赐。如果当初他耐心听经理把话说完，那迎接他的将是一个很美好的结果。

最近这几年，社会上有一句名言常常被人们引用，"上帝给你两个耳朵一张嘴巴，就是想让你少说话，多聆听。"不少人在引经据典的同时，还不忘嘲笑别人不懂得倾听，其实，这些人中很大一部分都不懂得倾听。这么说或许会有人不服气，那我们先来做个测试。为了保证结果的准确性，我们在做选择的时候，一定要选择一个最能体现自己真实想法的选项。

1. 努力回忆一下你最近一次倾听讲话或会议介绍时的情景，看看哪一点与你的情况最符合。

A. 我拒绝浪费时间去倾听一次令人乏味的演讲。

B. 我很善于倾听。即使是位乏味的人也能讲一些东西。

C. 除非我觉得老师讲得实在不错，否则我将一边假装在听，一边去做些其他事。

D. 我努力总结出讲话者真正想说些什么，这样就迫使我认真听。

2. 你的身边的人是如何评价你的倾听能力的？

A. 我心不在焉。

B. 我没有听。我总要人重复他们刚说的话。

C. 我看起来没有听，实际上一个字也没听漏。

D. 我专心致志。

3. 某人讲话口音很重，很难懂。你最可能怎么办？

A. 请他重复一下。

B. 停止听讲。

C. 努力去听懂一些话，然后将其余的猜出来。

D. 非常仔细地听——也许做笔记或录音，因此我可以再听一遍。

4. 在一次谈话中，某人说了如下的一些话。你最可能接受哪一句？

A. 我并不害怕在大庭广众之间说话。只是有几次该我站起来讲话的时候，我的嗓子哑了，运气真不好。

B. 我觉得他是最应该获得晋升的人选。如果我来决定的话，这就是我要提升的人。

C. 我真的不知道怎样回答那个问题，我从来没有费心去考虑过。

D. 你能用更简单的语言再将它解释一下吗？我对它了解不多。

5. 某人说话声音很低，这很可能表明该人：

A. 想努力掩饰他的一个错误。

B. 害羞。

C. 嗓门低。

D. 和附近一位大声说话者形成对比——这迫使人们仔细听。

评分标准：

题目＼选项	A	B	C	D
1	1	3	2	4
2	1	2	3	4
3	2	1	3	4
4	1	2	3	4
5	3	2	1	4

结果分析：

如果你的得分在5分~9分，则表明你的倾听能力非常低下，必须加强倾听能力的培养和训练。

如果你的得分在10分～15分，则表明你的倾听能力还算及格。当沟通对象和你谈论一件事情时，刚开始你会表现出倾听的兴趣，但当你发现对方所说的话不重要或者是无法引起你的兴趣时，你就无法继续倾听下去了，会变得心不在焉。

如果你的得分在16分～20分，表明你是个很好的倾听者，具有优秀的倾听能力，也善于从倾听中辨别重要的信息和选择要点。

不少人认为倾听就是坐着安静地听，这种认识比较片面。下面，再给大家讲一下关于倾听的层次，以及什么才是真正的倾听。

倾听大致上就可以分为5个层次：

"听而不闻"作为倾听的第一个层次，是最肤浅的层次，就是只装模作样地听，只有个听的样子，但到最后什么也没有听进去，犹如耳旁风；

"心不在焉"作为倾听的第二个层次，虽然比"听而不闻"要好点，但依然有着很强的敷衍意味，比较明显的特征就是听的一方喜欢说些"嗯、对、是的"等稍微有点回应的话；

"有选择性地听"作为倾听的第三个层次，主要是听一些符合自己意愿的话，其他不符合自己意愿地便被自动屏蔽掉了。上面的测试中得分在10分至15分的人基本上就处于这个层次；

"全神贯注地听"是倾听的第四个层次，会主动地聆听对方的谈话，并且会在适当的时候做出相应的回应，以复述对方的话表示自己在认真听，但并不一定能完全领会对方的意图。

上面的测试中得分在16分至20分的人基本上就处于这个层次；

"用同理心去听"是倾听的第五个层次，也是最高层次和最高境界。做到了这一点，就可以进入对方的内心世界去倾听，并可以在沟通中了解到别人的观念、感受，以及话外之音等。

讲解完倾听的五个层次后，你觉得你属于哪个层呢？或许很多人都达不到第四、五个层次。不过没关系。优秀的倾听能力不是与生俱来的，它是在后天环境中形成的。所以只要我们认真练习自己的倾听能力，努力朝着聆听的第四、第五个层次迈进，就一定可以成为一名优秀聆听者。

有效倾听：听见、听清和听懂

听见，并不代表听清；听清，并不代表听懂。有效的倾听是必须符合听见、听清、听懂这三个条件的。一般人基本上在沟通的过程中都只达到了听见、听清这两个条件，却自以为这就是有效的倾听。其实不是。就连世界上最伟大的推销员乔·吉拉德都犯过这方面的错误。

有一次，一位客户来到乔·吉拉德的公司购买汽车，吉拉德热情地接待了客户，并根据客户的各种条件，给他推荐了一款性能非常好的车，客户也非常满意，当场决定先交30%的定金，余款后天来提车时会结清。

当时吉拉德非常高兴，心想这么快又拿到了一个订单。可就当吉拉德把合同递给客户请客户签约时，客户却突然变卦了，脸色难看地说不买了，然后就转身走了。

吉拉德当时非常奇怪，正好客户刚才给了自己一张名片。于是一个多小时候，吉拉德给客户打电话，询问客户为什么突然变卦了，是自己做错了什么吗。

客户生气地说："因为你对顾客不尊重，顾客说话时你都不用心听。我买车时说我的女儿这次考了全班第一，我要开着这辆新车带她去旅游，可你却只是把话题集中合同上，完全没有在乎我的感受。"吉拉德此时才知道自己错在哪里了。

大家知道吉拉德错在哪里了吗？他是听见、听清了客户的话，但他却没有听懂。客户说吉拉德没有在乎他的感受，是什么意思呢？从客户的话中，我们只要认真分析，就可以得知客户是以自己的女儿为荣的，他非常希望自己的女儿也能得到沟通对象的赞美和夸奖。但吉拉德没有听出这一点，也可能是急于签单，忽略了这一点，从而导致沟通无效，销售失败。也就是从那次销售失败开始，这位销售大师懂得了有效倾听在沟通中是多么重要。

有效的倾听，其实就是像对方传递一种信息，你非常喜欢听他说话，并且还能准确地理解他的话语所包含的意思。那么，我们到底应该如何做，才能做到有效倾听呢？

1. 目光要接触，神态要专注

倾听时注视说话人的眼睛，保持神态专注，这是你对说话者最基本的礼貌，也是在向对方传递一种信息，你对他所说的话很感兴趣，在认真地聆听他说话。如果对方讲话的内容很精彩，非常值得你去学习，那你就更应该与对方有稳定的目光接触，保持神态专注。即便沟通内容缺乏趣味或者是你不喜欢听，也要做到这一点，这是礼貌和修养问题。

2. 适时恰当地提问

我们在倾听对方说话时，很可能会遇到有些地方没有听清或没有听懂，此时不要蒙混过关或不懂装懂，而应该适时而恰当地提出来，请对方再说一遍或者更清楚地解释一下。不要担心这种提问会打断对方的讲话，使他不高兴。因为很多时候，提问也是一种对说话者的尊重，这会让他觉得你是在认真倾听他的讲话，并非常乐意为你解释。

3. 要做到"忘我"

做不到"忘我"，就做不到有效倾听。这里的"忘我"，可不足说让你有一种无私的精神，是让你记住自己在沟通中所处的位置，你是"倾听者"，应该抛弃"我"的字眼，诸如"我的意见是……""我不这么想"等，因为你说这些话时，意味着你已经没有了继续倾听的意愿，注意力也已经转移到了自己身上，接下来你要开始讲话了。

4. 谈话的内容要以对方的意愿为主

要想沟通能顺利进行下去，就不能将说话者的话题贸然打断，转为自己感兴趣的话题。不管对方所说的话题多么无聊，你都要让对方把这个话题说完。如果你真的很想打断对方的话，好发表自己的一些看法，也必须委婉地借用对方的话来做一些引申和转折，如"您说的对，如果……""没错，你这种观点我很赞同，不过……"，等等。这样一来，你不仅肯定了他的观点，还表明了自己的观点，同时也不影响倾听效果。

当然，做到了以上4点还不够，还有两个细节方面的问题需要我们注意。一个是保持合适的交谈距离。因为距离过远，会给人一种生疏感，如果是俯视对方的话，还会给人一种压迫感，这都不利于沟通。另一个是沟通时你不管是坐着还是站着，都有要保持上身稍微前倾，这是一种鼓舞人的好方式，意在告诉他你对他的话感兴趣，正在认真倾听。

只有综合做到了以上这些方面，我们才算做到了有效倾听。

倾听也要有设计

任何讲究理论和方法的技能，都是有一定的内在流程需要遵循。只有掌握了这些流程，才能更好、更快、更全面地掌握这种技能。倾听作为有效沟通的一种重要技能，自然也不例外。我在长期的实践和教学过程中，逐步总结出了一套提升倾听能力的训练体系。这套体系就是教我们按照一定的步骤进行倾听。

生活中，有些人掌握了不少关于倾听的知识和理论，但还是无法做到高效倾听，无法成为优秀的倾听者，这是为什么呢？主要原因就是他们没有按照恰当的方式、合理的步骤进行倾听。

举例来说吧。比如一家公司人力资源部的工作人员来找小周洽谈业务。在接待小周前，工作人员告诉自己，小周虽然只是个普通工作人员，但他是来谈业务的，他很重要。我们在沟通的过程中可能产生费用方面的分歧，不过没关系，解决了就好。小周来拜访我们时，工作人员正在处理手中的一份讲义。但并没有怠慢小周，第一时间放下手中的工作，给小周冲了杯茶，然后拿起速写本和笔，点头示意小周可以谈话了。

倾听的过程中虽然工作人员觉得小周的阅历很浅薄，语言也不是很吸引人，但工作人员始终微笑着倾听，并鼓励他说下去。小周一口气说了10多分钟，工作人员也从他这很长的谈话中提取出了主要信息：他请工作人员给他们的企业做服务，一年的服务费用是20万元，每两个月举行一次为期一周的沟通培训，培训期'间所有的交通费用，食宿费用他们公司全包。

虽然工作人员听得很清楚，但还是把这些主要信息复述了一遍，以求验证。在得到小周的肯定后，工作人员也提出了自己在费用和服务时间方面的一点建议。最后他们又经过一番沟通，最终达成了一个双方都满意的协议。

从工作人员和小周的沟通过程中，大家不难发现在倾听的时候遵循着一定的步骤：准备倾听、发出倾听信号、在倾听的过程中和小周进行互动、提取小周表述的主要信息、确认信息。不要小看这5个步骤，它确实可以帮助你在沟通中进行有效倾听。

下面给大家详细讲解一下这5个步骤。

1. 准备倾听

倾听绝不是一种简单的动作，它是一个人生理和心理经过一系列复杂活动的结晶。所以，要想让倾听更高效，就必须做好准备工作，调整好身心。一般会从三个方面进行准备。

（1）在内心暗示自己这个沟通对象很重要，一定要认真倾听对方的谈话。这个心理暗示绝不能忽视，因为如果你不能从内心重视你的沟通对象，对其不屑一顾，那你是不可能认真倾听他说的每句话的，更无法准确接收到他发出的所有信息。

（2）要暗示自己坦然倾听不同的观点。沟通中发生意见冲突是再正常不过的事情，如果你一遇到和自己观点不同的沟通对象就拒绝再倾听下去，那沟通就无法继续进行了。所以我们在倾听前就要有这种坦然倾听不同观点的意识。

（3）放下手中的事情。这也是倾听前的必要准备工作。很难想象一个一边埋头吃饭或者打字的人，如何能把对方表述的信息全部清晰地接收到？这样很容易遗漏重要信息，还会给人一种不尊重对方的感觉，给沟通造成很大的障碍。

2. 发出倾听信号

第一个步骤完成后，倾听前的准备工作就可以就绪了。此时你要让对方知道你开始倾听了。这个信号怎么发出呢？很简单，可以用语言（比如你告诉对方："你可以说了""开始吧"），也可以用肢体语言，比如手势（做个请的手势）、眼神（向对方眨下眼）、微笑（鼓励的笑容）等。这样，你们之间就可以开始一场美好的沟通了。

3. 倾听的时候要有互动

要想让沟通顺利地进行下去，你不能死板地倾听，要和对方进行互动。这样对方才有继续说下去的欲望，你也才能收到更多有用的信息。怎么互动呢？眼神要有接触，身体前倾、适当地点头、恰当的提问、赞赏等都是有效的互动方式。

4. 理解对方的主要信息

对方的谈话或许比较长，我们要想字字不落地记下来，那是不可能的事情。此时我们就要有选择性倾听重要信息。捕捉到主要信息后，就要仔细倾听和主要信息有关的各种话语和细节，然后综合分析，以便得知对方的主要观点。

5. 确认你的理解是否正确

经过综合分析后，我们已经对对方的主要观点有了一定的理解，当你的理解经过确认是正确的后，倾听的过程基本上就告一段落了。此时你要不失时机地、以中肯的态度向对方提出你自己的反馈意见，你的倾听就收到了良好的成效，而你和对方也有了满意、顺畅的沟通过程。

要听懂对方的弦外之音

古人有句话说得好"鼓要听音，话要听声"，这句话的意思就是告诉我们，听人说话，不能只听字面上的意思，还要能听出对方字面背后的意思。因为很多时候，谈话对象往往会因为各种因素，不方便把自己真正的意思通过直白的语言表达出来，所以会选择一种比较隐晦的说法，把自己的真正意思隐藏在说出来的话语中。倾听者如果不能透过现象看本质，听出对方真正的意思，那势必无法正确理解对方的真实心理和意图，这会给我们的沟通造成很大的障碍，也会给倾听者带来很大的麻烦。

刘小姐在一家私企工作，别看她的企业是私企，但是企业的实力很强，发展势头很猛，员工也达到了200多人。刘小姐在这家企业干了两年多，这期间有不少同事都获得了晋升，但刘小姐却总是原地踏步。这让刘小姐很纳闷，因为自己平时问领导自己表现得怎么样时，领导都会说很好，挺不错的，可为什么自己得不到晋升呢？

有一天，刘小姐做完一个活动策划，请领导过目，领导和往常一样说，不错，挺好。这次刘小姐诚恳地请领导给她提一些建议，比如哪些地方加以改进的话效果会更好。结果领导当即就指出了好几个地方，刘小姐当时才意识到自己竟然还有那么多需要完善的地方，领导对自己所说的"不错，挺好的"此类话语，其实都只是客套话而已。领导客套话背后的真正含义，自己并没有听出来。

刘小姐一直无法得到晋升的原因，和她没有听出领导的弦外之音有很大的关系。如果她能听出领导的弦外之音，那么从工作一开始就可以从领导那里得知自己在工作上的不足之处，这样就能更早更快地完善自己，她的工作能力也会得到更好提升，如此一来，她晋升的机会就大大增加了。所以，在沟通中，我们不仅要用心倾听，还要能够听出对方的弦外之音。

有一次，我国历史上有名的乞丐皇帝朱元璋在几个官员面前作了一首诗，诗的内容是：百僚未起朕先起，百僚已睡朕未睡。不如江南富足翁，日高丈五犹披被。当时有一位名叫万二的富商从自己的官员朋友那里得知朱元璋三天前做了这么一首诗。万二非常聪明，他从这首诗听出来朱元璋的意思，皇上已经有了整治富人的决心了。于是他回到家后就把自己大量的财产分给了穷人，然后带着一小部分钱财和自己的家眷跑到一个遥远的山村里过起了隐居的生活。就在万二隐居不到两年的时间，当地很多富翁都被国家收缴了财产，苦不堪言。

一个人的欲望、需求、目的都是靠着语言直接或间接地传递出来的，如果我们能准确地分辨一个人的言语，就可以正确把握这个人的心理，洞察他的真正意图，这无疑能大大改善我们的沟通效果，提升我们的倾听能力。试想一下，如果对方所说的话并不是自己的真正意思，甚至是完全相反的意思，而你却无法领会，只是按字面上的意思去理解，你说你们的沟通会是一个什么的结果呢？

生活中那种带有弦外之音的沟通太多了，我们每个人几乎都碰到过，比如，我们去求一位朋友帮自己办件事，但在谈话的过程中，朋友对你的正面请求总是顾左右而言她，此时你最好不要再继续谈论你需要请他帮忙的事情了，因为他已经委婉地拒绝了你，你再谈论下去，势必会造成更多的尴尬。再比如，你给朋友说了一个重要决定，朋友没有直接称赞你的决定很不错，而是说"可以是可以，但是……"，他这话的弦外之音就是不赞成你的决定，甚至是反对，但碍于你的面子不好驳斥你。而如果你听不出他的真正意思，势必会做出一个错误的决定。

鉴于以上种种，听不出弦外之音的危害是非常严重的。那么，我们在倾听的过程，如何发现对方的话带有"弦外之音"呢？我在长期的实践和教学中，总结出了两个要点。

1. 从语言信息与非语言信息是否同步来判断

语言信息很好理解，就是我们说出口的话；非语言信息有些抽象，主要是指我们的外表（外貌、衣着等）、肢体语言（姿势、动作、表情等）、语音语调等。一般来说，一个人的语言信息和非语言信息保持一致时，那说明语言信息中不夹带弦外之音。反之，则有弦外之音。比如，你做了一项决定，对方说高兴地说鼓掌道："这个决定真的非常棒，我很赞同。"眼神中有着明显的兴奋之情。这就是语言信息和非语言信息一致。而如果对方说："这个决定不错。"眼神中并没有明显的兴奋感，说话的语调也只是很慵懒的调子，这就是语言信息和非语言信息不同步，说明对方的弦外之音是这个决定很一般，甚至是错误的。

当然，要想从语言信息与非语言信息是否同步来判断是否有弦外之音也不是那么容易的，它不仅需要我们认真倾听对方的所有语言信息，还需要我们在倾听过程中细致观察，如此才能全面而准确地捕捉到有用的非语言信息，从而进行正确的对比和分析。

2. 从一些特定的字眼中进行分析

当一个人所说的话并不是自己的真正意思，而是带有弦外之音时，他们往往会自觉不自觉地在话中带有一些比较典型的字眼。诸如"老实说""坦白说""只不过""对吧"等字眼。比如，一个销售员对你说："我实话告诉你吧，这已经是最低价格了。"其实离最低价格还有一定的空间。再比如，你的领导对你说："你的意思是后天才能把文案交给我，对吧？"领导此时并不是在确认结果，他的弦外之意是"后天才交，太迟了"，此时你就应该能听出来。此外，我们也应该规避带有这些字眼的口头禅，否则会给他人的倾听带来困扰。

当然，这两点并不能代表全部，它还有很多别的方法，这两点是最主要和最常用的知识。如果我们想更好地掌握倾听弦外之音的技能，还需要根据具体的环境来自我发现、总结和提炼，如此，才能让我们在倾听能力方面获得更全面的提升。

第四章
攻克心防，把话说到对方的心坎上

漫无目的的说话远没有目的明确的说话来得更有效果，废话即使说上一万句，也不如一句攻克心防的话，说服别人的关键在于进入对方的内心。

攻心，才是说服成功的关键

话不在多，"攻心"最重要！无论是日常生活中，还是商务谈判中都少不了说服别人。在商务谈判中，如果一句话说到客户心里去，会帮你赢得大单。那么怎样说服的成功率最大？最精髓的东西又是什么呢？

其实，很多人是害怕思考这个问题的，因为大多数人习惯在谈判中随机应变。没错，随机应变是必不可少的谈判技巧，但是掌握说服的技能则可以使谈判进行得更加得心应手。

要想说服对方，取得谈判的胜利，关键还在于要攻克对方的心防，步步为营，以此达到说服对方的目的。也就是我们经常说的把话说到对方的心坎上。

我们认识的人中可能有被大家戏称为"话篓子"的人，这种人虽然话很多，但是却没几句是非说不可的，甚至话多的让人有些厌恶。很显然，这就是没有能把话说到点子上，自然会招致厌恶。

在谈判中，更是忌讳话多。话多了，就不能专心地倾听对方的想法，没有倾听就不能全面的了解你的谈判对象，不了解对象，说服自然是无从谈起。

台湾有一位知名的"讨债专家"说，这世界上有三种人的债最难讨，就是民代政客、警察和黑道。不过，他都有办法讨得到，因为他深知他们的弱点：民代政客怕丑闻，警察怕被告，黑道怕人情。只要掌握了他们的弱点，他们一样乖乖听话。

这位"讨债专家"可说是如假包换的"攻心专家"。因为他抓住不同人的特点，从不同的心理类型出发，自然能够达到自己的谈判目的。

"攻心"不仅是用在讨债上的良方，只要"攻心"到位，别说讨债了，爱情、事业、订单、财富、育儿和人生幸福，哪一样不是顺风顺水呢？

包括美国联邦调查局和知名国际公关公司在内的许多谈判高手都表示，要说服一个人，口才不是重点，攻心才是关键。

比如在饮料销售中，询问顾客"您需要咖啡吗？"或者"您需要牛奶吗？"就不如问"您是需要咖啡还是牛奶？"取得的销售额高。原因在于，消费者在购买饮料的时候往往比较盲目，更多的人并不知道自己要什么好，如果抓住了这一心理，主动提供给消费者一个选择，那销售成功的概率就会很大。

打个比喻，"攻心"就好比打靶，谈判对手就好比是靶心，正中靶心，即是"攻心"成功，说服成功。

王华是某烟酒厂的销售员，负责向各酒店推销公司的烟酒。有一次，王华来到某高档酒店，希望能见一下他们老板。服务员通报一声回来说，老板在开会没时间见他。其实王华也知道这只是老板的托词，可是他并没有转身就走，而是在外面一直等了将近三个小时，等到老板下班出来。

王华连忙上去说了来意，老板先是坚持要6000元进店费，而后又以有事为由开车走了。所以这件事就迟迟没有结果。王华后来又跑了多次，酒店老板都以有事为由避而不见。

因为该酒店在当地有一定影响力，所以王华心想无论如何也要拿下这单生意。王华愈挫愈勇，一次次的被拒绝，又一次次地去拜访，终于该店老板答应与他在办公室面谈。

面谈当天，为给酒店老板留下好印象，王华提前半个小时就到达了该酒店。由于上班时间尚未到，所以王华在办公室外面等候，刚好听到两个服务员在说老板什么，询问之下才得知今天是老板的生日。

于是，王华立马出去买了一束鲜花。待老板上班时，王华首先将鲜花送给他并祝其生日快乐。这一举动使酒店老板激动万分，几句交谈之后，毫不犹豫地在协议书上签了字，进店费的事也是一字未提。

在这个故事里，王华仅仅借助一束鲜花就将生意做成了。我们看不出王华有多么出众的口才，他也没有在老板面前口若悬河，甚至，不用介绍自己的产品如何好，只一束鲜花，就成为沟通双方的桥梁，攻克了酒店老板的心防，使酒店老板从一开始的索要进店费，到后来变得亲切，产生合作意向，其实都是瞬间的事。

可见，面对客户时，话说得多少或者说得多漂亮都是其次，关键在于"攻心"。攻心是一种洞察客户心理、赢得客户信任的技巧。有时一句问候，一个微笑，一个动作就能感动"上帝"，就能获得客户的理解与回报，促进产品的销售。

不说超乎对方想象的事

如果和一个人交谈，你最喜欢的话题是什么？答案肯定不会是你听不懂的话题。谈判最忌讳的也是对方听不懂的话题，换句话说，就是，说超乎对方想象的事情。两个人交际，重要的是要有共同的语言，才能保持交流的状态，才有可能达到谈判的目的。

其实，这一点和上面提到的"攻心"是相通的，找到了共同的话题，不提对方不知道、不了解、不熟悉的话题，能够尽快拉近彼此的距离，更快地进入谈判的正题，自然而然就能攻克对方的心防，把话'说到"点子"上。

两个人谈恋爱，一个是IT精英，满脑子的IT术语，整天在自己学艺术的女友面前大谈IT术语名词，你觉得会怎样？毫无疑问，分手的概率很大，除非这位女友自己也是对IT十分感兴趣的。

这就是超乎了对方想象的事情，超越了对方的知识范围和理解程度，很难再进行深层次的沟通。那要怎样把握好这个尺度呢？

首先，在与谈判对象交谈的时候，一定要注意使用通俗易懂的语言，在介绍自己熟悉的专业和行业政策以及知识的时候，一定要注意到，对方可能是很少接触到这些名词的，所以，如果照本宣科、一字不落地向对方"授课"，就很容易超出对方的想象和理解，那接下来的谈判自然不会太顺利。

这个时候，就需要化复杂为简单，即化繁为简。把专业术语转换为口语，通俗易懂地讲给对方听。当然，面对不同知识和理解水平的谈判对象，需要使用不同的方式。自然的，储备不同版本的解释也就成为必要了。

如果对方能够很容易地懂了你所要表达的事情，那进一步的沟通也就容易多了。如果对方没能很快明白，那就需要使用语言之外的其他手段辅助对方理解，只有理解了，谈判顺利进行才能有好的基础。

然后，要明确自己的谈判对象，这是准备谈判内容的前提，谈判的目的不是为了利益最大化，而是要与客户取得共赢。这里说的共赢并不是你与客户签了一个多大的单子，因为共赢是双方的需求都得到了满足。

正所谓，见什么人说什么话。有些人把谈判用在了商场中，有些人却把谈判用在了菜场中，如果不能很快地根据谈判环境的变化改变自己的谈判策略，那谈判失败的可能性是很大的。

举一个简单的例子，有一个金融咨询师，尤其喜欢在和别人的谈话中牵扯进自己的工作，即使是在日常生活中也是乐此不疲，丝毫不顾及自己的话别人听了是怎样的感受。

某天，这位咨询师照常去菜市场的晚市，他转了几个菜摊，每次都抓住摊主讲他自己过去的事情，惹得摊主很是恼火，有的甚至对他爱答不理的。

其实这位咨询师就是没有明确自己的谈话对象。如果是在工作时间，遇到了同一个行业的人，彼此开开工作的玩笑未尝不可。而在生活中遇到了和金融很难扯上关系的蔬菜摊主，还使金融话题不断的话，就不是明智的选择了。

其实，我们不能说这位金融师不是一个讨人喜欢的人，但至少，他买菜谈判是失败的。因为，在没有明确自己谈判对象的情况下，和谈判对象取得良好沟通也是很难的。结果自然是话不投机半句多，他心理上的挫败感可想而知。

取得更进一步的谈判的前提就是有对方所感兴趣的共同话题，也就是能彼此理解，也就是不要说超乎对方想象的事情，这样，对方在愿意和你交谈的前提下，自然是会敞开心扉的。有了这个前提，何愁不能在谈话中寻找机会，实施你的"攻心"大计呢？

你需要记住的就是，谈判技巧真的不是束之高阁的武林秘籍，只离那些内功深厚的人才能参透。谈判这种艺术是生活性很强的，只要你善于在日常生活有意识的使用一些技巧，并把它们作为习惯，生活处处是谈判，处处是你成功的谈判。

如果在谈判开始的时候很难找到共同的话题，难以打开谈判的僵局的话，那一些普遍的共同话题就必须收藏于你的囊中了。比如，天气，姓名，家乡等等能够引起共鸣的话题，就很能提起谈话的兴趣。

像谈恋爱一样谈判

谈过恋爱的人都知道，对于恋爱双方来说最重要的就是一颗真心；其实谈判也是一样的，如果你能真诚地对待你的谈判对象，会更容易从内心深处获得对方的信任，谈判、生意、长期合作，一切皆有可能。

那么，谈恋爱和谈判有什么相通的地方是值得我们学习借鉴的呢？

1. 坚持，坚持，再坚持

追过女孩子的人都知道，遭受拒绝是再正常不过的事了。其实谈判也是一样的，特别是和客户之间的商业谈判中，遭受拒绝也是经常发生的情况。这个时候，你首先要树立坚定的信念，为打持久战做好准备。只有坚持下来才有将僵局化为顺利的机会。

接下来要做的就是要取信于客户，客户不愿意搭理你，不见得是你有多不招人待见，这可能是客户在面对谈判人员时候的本能反应，也许这是他进行自我保护的一种方法。

如果到这样冷冰冰的谈判对象就只有干等的份儿了吗？自然不是，首先要防止自己灰心丧气，精神不振。最先应该做的就是告诉自己，坚持，坚持，坚持住！

因为坚持就有希望！

因为坚持就有机会！

坚持住就会有最后的胜利！

2. 马不停蹄

追女孩儿，如果你一时懈怠，难保她变成了别人的女友，你得马不停蹄地去献殷勤。

谈判也是一样。一个客户，肯定不止你一个人在盯着，要知道，你是在与别人"抢"客户，而马不停蹄的殷勤是必须得献的。

即使眼前并没有什么生意可做，但时常打电话联络感情，发邮件，表示关心，亲自拜访增强见面的印象，经常出现在客户的生活中，不可不说都对以后的谈判有大用处。

这一点也像谈恋爱一样，你时不时在女孩儿周围出现，经常关心，经常见面，那么如果有一天突然见不到你，她说不定还会想念你的。

那要怎样做到马不停蹄呢？心要勤快，要常常想起客户，随时把自己心里的客户梳理梳理，看看有没有因为自己的疏忽而流失的客户；嘴要勤快，经常打电话问候客户，这样客户会认为你是一个比较重视感情的人，会更放心地跟你合作；腿要勤快，要经常保持与客户的见面，即使不是做生意，客户也会有自己在你这里很重要的感觉，再合作自然会有好的印象做基础。

成功都是留给有准备的人的，马不停蹄地保住自己的潜在客户，成功也会水到渠成的。

3. 要真诚

在今天这个物质的世界，女孩子要求男孩子要有一定的经济实力也是可以理解的事情，然而，谈恋爱不是谈钱，只有钱没有真情，幸福也是无从谈起的。

谈判也是一样，无论你有怎样的实力基础，在谈判对象面前一定要真诚，有了真诚的交流，才有彼此的信任，才有合作的可能。

4. 有责任心

什么样的男人是值得托付的人？多数女孩子会提到"责任心"一词。没错，这个社会中，责任心太重要了，不负责任的男人比比皆是，所以更是坚定了女孩子们找一位富有责任心的男人的信念。

谈判也是一样，即使你拿到了一个单子，做成了一笔生意，没有责任心，没有担当，不管客户的死活，那以后的合作也就免谈了，更别提长久合作了，甚至可能影响你在业内的信誉。关心客户，帮助客户解决后续问题，才有机会把客户变成长久合作的对象，那固定的客户，忠诚的客户，也就处处可见了。

可见，谈判就像谈恋爱并不是什么空话，它已然成为一个好用的谈判技巧，可以运用于各种谈判场合，帮你达到谈判的目的。

这也就告诉我们一个很易懂的道理，"客户就是上帝！"你的生意都是客户给你的，重视客户就是重视上帝，上帝的眷顾自然使你赢得市场。

抓住客户的心，就好比在恋爱中获得女孩子的芳心，只因为你攻克了对方的心防，你把对方放在了自己的心上，用一颗真诚的心来对待对方，抱得美人归自然不在话下。而客户也是如此，你用真心待他，他自然愿意和你合作，谈判成功是必然的结果。

所以，在客户管理上，要有跟客户"谈恋爱"的本领，心里时刻想着对方，才会了解对方的需求，对方也才能把你放在心里。

用幽默提升你的信任度

虽然谈判的场合有所不同，然而无论在哪种谈判的场合中都有可能用得上幽默的技巧。有时候幽默就好比是一把钥匙，可以打开谈判对象的话匣子，使绷紧的神经放松警惕，让对方愿意甚至主动与你交流信息，那样拿下这个谈判就变得容易多了。

其实，在我们的生活中也不难发现这样一个现象，幽默的人更容易结交到朋友，在人际交往中更能自如地处理人际关系，往往人缘也更好一些。这就是幽默的无形魅力。

在购物过程中，如果适当幽默，嘻嘻哈哈中就有可能以比较满意的价格买下；在谈恋爱中，幽默更是可以使恋爱的气氛变得活泼，增进两人感情自不必说；而在商务谈判中，幽默更是可以缓解紧张的谈判气氛，使你可以在紧张的谈判中保持清醒的头脑。

在人们的日常交往中，幽默更是起到了妙不可言的功能，幽默可以让交往对象感到说话人的温厚和善意，使说话人的观点更容易让人接受。正所谓"幽默是具有智慧、教养和道德上优越感的表现"。

在商务谈判中更是如此，幽默能创造活泼交往的气氛。在推销各方正襟而坐，言谈拘谨时，一句幽默的话就能妙语解颐，举座皆欢，来宾们开怀大笑，气氛顿时可以活跃起来。谈判各方之间那尴尬的情绪不知不觉就消失了，谈判也就能进行得更顺利些。甚至有时候幽默还会让你受到意外的礼遇。

美国小说家马克·吐温是幽默的。有一次，他去某个小城，临行前别人告诉他，那里的蚊子特别厉害。到了小城之后，正当他在旅店登记房间时，一只蚊子正好在他眼前盘旋。服务员顿时感到尴尬不已，赶忙驱赶蚊子。

马克·吐温却满不在乎地对服务员说："贵地的蚊子可真是比传说中的还要聪明啊！它竟然会过来预先看好我的房间号码，以便晚上来光顾，好饱餐一顿呢！"大家听了马克·吐温这样幽默的说法都禁不住哈哈大笑，一下子尴尬的气氛就消失得无影无踪了。

但是，这一晚，马克·吐温并没有受到蚊子的叮咬之苦，因为全旅店的员工感激马克·吐温的理解和幽默的良苦用心，一齐出动，想方设法把他屋子里的蚊子全部消灭掉了。

可见，马克·吐温正是巧妙地运用幽默的功效，把紧张的气氛化解了，从理解旅店工作人员的角度出发，帮助旅店人员消除了不好意思的歉意，获得了旅店人员的信任，也获得了旅店人员的真心照顾。

当然，虽说幽默很重要，但并不是可随意开玩笑，做什么事情都要注意时间和场合。好比当你向一位上了年纪的客户做推销的时候，千万别开关节炎、器官衰竭等之类的玩笑。因为这是老年人最忌讳的事情。一旦你冒犯了他们，你就永远失去了他们的信任。

在你打算轻松幽默一番之前，先分析一下你的产品和你的客户，一定要确信不会激怒对方，因为那样的幽默一般都会适得其反。

当你和一些银行家打交道的时候，你明知道他一本正经，喜欢直截了当，你却偏要去故作幽默。这样，这位银行家就会以为你不把他当回事儿，那他又怎么可能把你的推销当回事儿呢？所以说，幽默可以有，但要运用得巧妙，有分寸、有品位。

让我们看一位世界知名推销员的幽默之方。

"您好！我是明治保险公司的原一平。"

"喔——"

对方端详他的名片有一阵子后，慢条斯理抬头说："两三天前曾来过一个某某保险公司的推销员，他话还没讲完，就被我赶走了。我是不会投保的，所以你多说无益，我看你还是快走吧，以免浪费你的时间。"

此人既干脆又够意思，他考虑真周到，还要替原一平节省时间。

"真谢谢您的关心，您听完我的介绍之后，如果不满意的话，我当场切腹。无论如何，请您拨点时间给我吧！"

原一平一脸正经，甚至还装着有点生气样子。对方听了忍不住哈哈大笑说：

"哈哈哈，你真的要切腹吗？"

"不错，就像这样一刀刺下去……"

原一平一边回答，一边用手比画。

"你等着瞧吧！我非要你切腹不可。"

"来啊！既然怕切腹，我非要用心介绍不可啦！"

话说到此，原一平脸上的表情突然从"正经"变为"鬼脸"，于是，准客户不由自主地和原一平一起大笑起来。

上个事例说明，只要你能够用幽默创造出与准客户一起笑的场面，就突破了第一道难关，并且拉近了彼此间的距离。这样取得了客户的信任，接下来的谈判就掌握在你的手中了，不是吗？

说出精准数字与信息

使用数据，并且要使用真实的、精准的数字和信息，是与客户建立信任的关键一步。同时运用数据和重大事件及人物的联系，更能增强数据的说服力。

"大概……"

"可能……"

"差不多……"

"我估计……"

"两三天……"

这样的话在我们生活中出现的频率很高，因为日常交往中有些话是不需要给出精确的答复的，或者是没有办法给出精准答复的。

然而，"我想成为一个有钱人"，这个模棱两可的愿望，只会让你在执行目标时感到迷惑，你往往不知道该怎么走下一步。假使你的愿望设定是，"我想在三年内存到一百万"这一个清楚的目标，你会自然而然地淘汰掉一些不可行的赚钱方式，并且规划自己的开销收入。

可见，精确的数据和目标更能激发人的奋斗潜能。

谈判的时候也是一样的，你在买衣服的时候，一再要求对方便宜些，而卖方也同意可以给你优惠，然而如果没有具体的价钱协商，交还是无法完成的。

有一种说法是这样的，如果能用小数点以后的两位数字说明问题，那就尽可能不要用整数；如果能用精确的数字说明情况，那就最好不要用一个模模糊糊的大约数字来应付别人。这种说法用在谈判中一点也不为过，在谈判中涉及的数字问题，要尽可能做到精确，精确，再精确。

这是因为，在谈判中，如果不能拿出精准的数字和信息，给对方的仅仅是一个模糊的、大致的，甚至有时候是一种捉摸不透的信息，很可能会影响对方的判断，影响谈判的效果，有时候甚至是最终的结果。

做销售工作的人可能会有这样的问题，明明自己已经把产品的基本信息传达给了客户，完全是如实告诉的，可是客户却好像不能完全放心的样子，迟迟不做出回应。这个时候即使你再怎么跟对方夸赞自己的产品，也只是一个模糊的概念，对方还是不敢信任你。

那客户到底是在担心什么呢？其实，可能持犹豫态度的客户连自己都不知道自己在怀疑什么，那么这个时候，销售人员最需要做的就是拿出具体的、精确的数据信息来帮助客户了解产品，增加其对产品的信任度和放心度。

那怎样才能够透露出具体的信息呢？

"实验证明，我们的产品可以连续5万个小时没有质量问题。"

"没错，儿童食品尤其要注意安全卫生问题，我们公司生产的儿童食品经过了11道严格的操作程序，并且公司内部已经进行过5次卫坐检查。"

这样的精准数字就很能够说明问题，不仅能够解决客户的后顾之，更能够打破客户的担心，也就是我们所说的攻破客户的心防，取得客户的信任。

当然，并不是任何谈判场合使用精准的数据都会取得正面的效果，那就是精确数据使用不当的问题。

首先，谈判所使用的数据必须是真实的可信的数据。使用精确的数据说明问题的目的就是增加客户对产品的信赖，所以，使用的数据本身一定要真实准确，否则，使用数据也就失去了其原有的意义。

同时，如果客户发现了数据的虚假和错误，就有充分的理由认为销售人员甚至企业都在玩弄欺骗的把戏，目的不过是欺骗消费者上当而已。这就会给谈判人员和公司的长久发展造成很坏的影响。

其次，使用的数据最好是和有影响力的人和事相关的，因为这样的数据更容易给对方留下深刻的印象，如果是推销产品，不妨借用名人效应。

比如"某个明星从多少年前就使用我们的产品了，现在为止，已经建立了6年零5个月的合作关系，双方合作非常愉快。"

"这是某次奥运会的指定产品，那次奥运会就使用了456730箱这样的产品。"

显然，这样的比较有影响力的数据更有说服力，因而更容易让对方产生信任感。

国内某家电生产厂家新生产出一种质量上乘的洗衣机，这种洗衣机得到了国家认可的5000次无故障运行。为了迅速占领市场，该厂家想出了一个绝妙的广告宣传方法：为了向消费者证明，这种洗衣机的质量正如同产品研发部门所说的"连续使用5000次无质量问题"，这个家电生产厂家在王府井大街上的黄金地段租了一个小亭子，然后把新研发出的洗衣机放在小亭子里供往来的行人参观。那台放在王府井大街的洗衣机一直处于启动状态，而且完全公开地接受群众监督，绝对不可能出现中途另换一台同样洗衣机的现象。那台洗衣机迅速引起了人们的关注，结果在它连续无故障运转了5000次以后，该厂家生产的这种洗衣机迅速占领了大片市场，一举成为消费者心目中的名牌产品。

另外，值得谈判人员注意的是，很多相关数据是随着时间和环境的改变而不断发生改变。因此，谈判人员必须及时把握数据的更新和变化，力求将最新的、最准确的信息呈现给对方。

任何时候都不能踏进谈话禁区

谈话的禁区，除了忌讳的话题，专业术语和过于省略的简称，还有很多是需要我们在谈判实践中不断发现、不断积累的。了解谈判误区，谈判才能畅通无阻。

要想在谈判中一步步走进对方的内心世界，攻破对方的心理防守，谈判成功的概率才会大些。然而，在谈判过程中，有些谈话的禁区是不能触碰的。

沟通过程中，在一些特殊的情况下，触犯了一些禁忌，不仅会得不到任何好处，还会惹一身麻烦。作为谈判人员，如果能经常想一些与此相关的问题，会让你在谈判的时候更加得心应手。

"如果是我，我希望谈判对手和我聊什么话题？"

"如果是我，怎样的话能让我愿意交谈？"

"如果是我，什么样的话题是让我厌恶的？"

"如果是我，什么的话题是我不愿意与之交流的？"

其实，这么多归结到一点还是一个问题，那就是，明确哪里是谈话的禁区。

许许多多的谈判人员，特别是销售人员，在和陌生的客户打交道的时候，由于不知道哪些话题是禁忌的话题，不知道怎么运用客户听得懂的语言沟通，结果导致四面碰壁。

那么，该如何避免这种情况呢？你可以注意以下几点：

1. 不要在客户的伤口上撒盐

一位上门拜访的销售员说："刚才我看到那里停着一部灵车……"结果他立即被主人赶了出来。

其实，这是应该回避的话题。一般来说，以下的话题都应该尽可能回避：

（1）宗教。有些人有自己的宗教信仰，而有些人没有宗教信仰，这样的话题容易引起误会，尽量少谈。

（2）政治。无论你的谈判对象持哪种政治信仰，甚至参加了哪个党派，这都和你的谈判没有任何的干系。

（3）外貌。不管对方是胖是瘦，是美是丑，都不应该议论他人的体型和外貌。即使客户自我嘲讽："像我这种胖子……"也应该报之以微笑，避免回应这类话题。

（4）批评竞争公司商品。这是尤其禁忌的话题，虽然可以向顾客提示商品测试的客观资料，比如"××公司产品测试的结果怎样怎样"，但也不能加入个人意见。绝对不能以自己的意见批评竞争公司的商品，那样会给人留下不好的印象。

（5）批评自己的公司。有些人为了想要拉近与客户之间的距离，往往会批评自己的公司和上司，其实这种行为是很大的禁忌，不仅有损于自己和公司的形象，更得不到任何实质性的好处。

2. 回避专业用语和业界通用语

应该视客户背景决定是否使用专业用语和业界用语。如果运用不当，反而会阻碍谈判的顺利进行。

让我们进行一个小测试吧。

曾经有人去NTT（日本电信公司）洽谈："可不可以将不用的旧电话机退给你们？"

NTT如此回应："当然可以回收，但必须采取'捐赠受理制'"。

在某观光饭店客房内，有一张征求房客对住宿的感想和意见的问卷。其中有这样一项问题："请教你对于Concierge的意见，以及对我们的服务是否有什么建议……"

怎么样，你是否能够准确无误地理解这两个听起来陌生的词汇呢？很显然，如果不是专业人员，几乎是无法理解这其中代表的意思的。这也是谈判过程中的一个很大的禁忌，因为谈判首先是建立在彼此能够沟通的前提下，专业用语只适合和专业人员沟通使用。

如果仅凭着卖弄自己所知晓的专业用语来显示自己的能力，其实反倒证明了自己的无知和愚蠢。

3. 语言的省略要适当

在熟人之间中，由于彼此之间已经在平时的交往过程中形成了一种无形的交流默契，这样，在交流的过程中难免会出现语言和信息的省略现象。但是，这却丝毫不影响交流。

然而，对于谈判来说却不是这样的，特别是对于那些素未谋面的两位谈判人员来说更是如此。因为语言省略有可能会给对方造成误会。

假设有一家公司名为"经济调查研究会"（如果有同名的组织，纯属偶然），由于公司名称很长，所以，当事人和相关从业者都将该公司简称为"经调"。如果我们第一次打电话去该公司，听到"你好，这里是经调"时，一定会一下子不知所措。这与前面的专业用语和业界用语的情况如出一辙。

我们仔细分析一下语言就会发觉，"经凋"把所有打电话的人都当作了自己单位的"熟人"，满口都是省略过的语言，很容易让人听不懂，那更谈不上进一步的沟通和交流了。

乔·吉拉德曾说过："在沟通过程中触犯禁忌和说别人听不懂的话题，等于向天空吐口水，最后自己是最大的受害者。"说的正是我们以上想要教给大家的谈判技巧。

正式会谈之前先来个轻松的话题

如果和初次见面酌人谈完正事便马上结束交易，人际关系很难有进一步的发展。不妨在洽商之余聊一点别的话题，诸如："您一直是从事这方面的工作吗？""在这之前您是从事哪方面的工作？……"等等，尽量设法了解对方的工作内容、职称和经历。

如此，不仅能进一步了解对方的工作性质，同时也会给人积极友善的印象。

与人会谈之前最好事先准备一些对方可能比较喜欢的话题，这样不但可以避免冷场的产生，同时也可以吸引对方的注意力。总之，谈话要有小智慧或幽默感，有趣的题材随手可得，阅读杂书也是方法之一。只要平日多留意，稍为整理搜集，脑袋就不至于空无一物。

比较容易引起对方共鸣的话题不外乎"运动"。我们不妨主动开启这方面的话匣子，从闲聊慢慢将对方引入正题。此外，对方的籍贯、出生地、家乡，等等，也是很容易拉近彼此距离的话题之一。不过有一点要稍加注意：当话题牵扯到学校或学历时，只要轻描淡写即可。因为学历问题较为敏感，并不是每个人都乐于讨论。

琢磨会话技巧，吸引对方的注意力

谈话气氛是否良好，话题本身的内容当然是关键之一，然而真正影响整个谈话进行的主要因素应该是"谈话的态度。"同样的话题，不一样的人谈起来效果就不同。

不管话题多么有趣，如果说话速度太快，对方会跟不上。反之，说话拖拖拉拉不着边际，对方也会不耐烦。

假如周围有人善于演说或谈话技巧高明，我们不妨多加留意。擅长说话的人，话中一定穿插不少有趣的话题或资讯。当我们和这样的人闲谈时，最好能学会他们的说话技巧。

第五章
问：以问助说，沟通要学会解方程

　　问，作为沟通方式的一种，它在沟通过程中发挥不可或缺的作用。问得好，对方会畅所欲言地和你继续沟通，你也会在沟通中占据主动地位；问得不好，会对沟通过程产生障碍，甚至中断，也会让自己处于非常被动的地位。所以，如果沟通是一道方程式，问就是解方程。

不会问的人做不好沟通

　　提问作为沟通的重要组成部分，它在很大程度上都可以决定一场沟通的成效如何。因为一个不会提问、不善于提问的人，每当以提问的方式对沟通对象进行回应的时候，势必会说出一些不合时宜，或者是一些无法引导沟通对象继续谈下去的话，这无疑会给沟通造成很多障碍，甚至会导致沟通中断。

小赵的职业是记者，所以对于口才和沟通力的要求是非常高的。

因为记者是要天天采访的，而在采访过程中最经常使用的谈话方式就是提问，记者只有通过恰当的提问，才能勾起采访对象的谈话欲望，引导采访过程顺利进行下去。

比如他要去采访一位新加坡的明星，这位明星的爷爷在中国生活过30多年，并且有很多亲人都生活在青岛。小赵在沟通的时候打算这样进行提问："你爷爷是在青岛生活了30多年吗？""你这次在上海做完电影宣传后会不会去青岛？""你打算见一见青岛的亲人吗？"……

这样的采访提问效果和审问犯人有什么区别？并且在小赵这种提问方式下，采访很快就无法继续下去了。如果小赵要换一种提问方式，比如，"青岛作为你的第二故乡，你有什么感想吗？对于青岛的亲人，你了解他们吗？"这样提问的话，就可以很好地帮助明星展开话题，而小赵也能从畅谈中了解到自己想要的信息。

提问作为一种引导话题和反对意见的沟通方式，它的重要性绝对不可小觑。就算你的口才很好，倾听能力也很优秀，但如果你不会提问的话，一样无法让沟通过程顺利进行下去。只有把听、说和问巧妙地结合起来，才能使整个沟通过程更顺畅。

有些人会比较片面地认为："问"其实不难，只要多问、勤问就可以了。这是个非常错误的观点。提问是很有讲究的，你必须讲究问的时机、重点、频率、速度，等等，如果不能准确地掌握这些知识，那就不能说你掌握了问的技能。

下面我就详细给大家讲解一下关于提问必须要掌握的两个原则。

1. 提问要适时

提问不是盲目的，如果不分时机地乱提问，很可能会导致沟通过程中断，或者是无法达成沟通目的，所以要做到以下三点：

（1）正确理解对方的谈话。

（2）思考需要提出的问题。

（3）提问要把握好恰当的时机。

这一点我要具体讲一下。当我们做到了第一、第二点时，你就可以提出自己的问题了。但是，不管你的问题多么正确，提问的时机过早或过晚，部会大大影响提问的效果。过早，会打断对方的思路，也是一种不尊重的行为。过晚，会显得你思考滞后，没有用心倾听，也会再次打断对方的谈话思维。最恰当的时机是在对方充分表达完一个观点后，在他稍作停顿的间隙抛出你的问题。

2. 提问要适度

任何事情都讲究一个度字，提问也不例外。只有把握好了提问的度，我们的提问才能对沟通过程起到正面的推进意义。否则的话，沟通过程就将陷入泥潭。

3. 提问的内容要适度

一般来讲，我们在沟通时，只需要对主要内容进行提问就可以了。和对方谈话内容无关的、不重要的提问，最好能够合去。否则容易让对方误认为你没有认真倾听他说话或者故意打岔，会对你产生反感情绪。另外，提问的内容不适度，还会大大延长沟通时间，但却难以达成沟通目的，这是对双方时间的浪费。

4. 提问的速度要适度

有些人在提问时为了节省时间，就语速很快地抛出了自己的问题；而有的人在提出问题时由于思维还不太成熟，边思考边提问题，语速非常慢。不管是那种情形，都会影响沟通和提问的效果。前者让对方听不清，无法对问题做出反应；后者让对方不耐烦，容易失去沟通兴趣。所以，提问的最佳速度是既要保证对方听清，而又不至于不耐烦，最好能以对方说话的语速为准。

5. 提问的数量要适度

无法想象，对方说一句，你问五句这样的沟通过程会是怎样的一种情形。但如果对方说了二十句话，你一个问题也没问，这又是怎样一种情形呢。结果只会是沟通失败。所以我们应该有一个数量上的度。如果你觉得需要有很多问题需要提问，那最好能把这些问题整合一下，整合成一个或者两个大问题来进行提问。

举个简单的例子，比如说你的同事告诉你他最近正在忙着做6个文案策划，此时你肯定不能问他第一个方案好做吗？第二个方案好做吗？第三个方案好做吗？……这样同事肯定会烦，你应该把这些问题综合起来问："哪个方案不好做？"或者

"哪个方案好做？"

如果对方说了一大堆话，你都没有什么疑问，也应该适当地回应几次，以确认结果的方式进行提问。比如对方说了一大堆关于如何提高写作能力的话，你就应该这样提问："你的观点是只有多读多写才能提高写作能力，对吧？"

以上的两个原则，六个要点就是提问过程最需要注意的地方。如果你能在这些方面下一番功夫去学习和实践，那么你在与人沟通的过程中，就能更加轻松地赢得沟通对象的青睐，你们的沟通过程也会更加顺利、高效。

主动提问，化被动为主动

很多优秀的沟通者，不管在什么时间、什么场合、面对什么样的沟通对象，都能与对方进行有效的、愉快的沟通。那是因为他们有一种秘密武器——主动提问。他们会通过主动提问这种方式，让对方打开话匣子，或'者在沟通陷入冷场的时候，用这种方式为沟通过程注入新的活力，使沟通得以顺利进行。

柳女士聪明伶俐，做事干净利落。她在一家储蓄所做大堂经理。因为每天都要面对各种各样的客户，沟通能力就显得非重要。

一天，一位客户和她的一位同事起了争执。客户想新开账户，员工让客户填写几张资料。客户嫌麻烦不愿意填，说填不填都一样。员工就说不填就不给开户。两人就开始了争执。

柳女士微笑着走到客户面前，问："先生，您开户是想把钱存在银行，防范风险，为家人提供一种幸福保障，对吧？"

客户："当然了。"

柳女士接着问："万一您出了什么事情，你是否希望账户里的钱能被你的家人及时取走呢？"

客户："肯定了。"

柳女士："如果您填写了资料，到时候我们就可以第一时间联系到您的家人，您不觉得这是一个很妥帖的办法吗？"

客户："确实是，那我填写一下吧。"

在整个沟通过程中，柳女士并没有大张旗鼓地用各种规章制度强迫客户去填写资料，因为无法收到成效。所以她为了破解沟通僵局，采用了主动提问的方法，并且还巧妙地运用了封闭性提问，一步步引导着客户向合理的方向走，最终成功地说服了客户，同时沟通过程也得以完美结束，并未冲突或争吵。这就是主动提问的妙用，能够反被动为主动，让自己处于主导地位。

那么，我们在主动提问的时候，又该注意哪些问题呢？

1. 要保持语气温和、态度谦恭

小王曾经去一家书店买书，一位高挑漂亮的女服务员接待了他。在他们沟通的过程中，小王向服务员表示想买一本关于适合企业CEO读的书，谁知她语气慵懒，态度倨傲地问："CEO读什么我不知道，你去问CEO好了，我这里只有《管理学家》，你要不要？"

小王当时觉得这种态度实在让人气愤，但他还是很有礼貌地说："谢谢，我不需要。"然后离开这家书店，去了另一家书店。

语气温和、态度谦恭这是主动提问时必须遵守的先决条件，如果做不到这一点，不管你的提问多么正确，都会让沟通对象听起来觉得别扭、不悦，这会激起他们的敌对情绪，使沟通过程出现障碍，甚至因此中断。

2. 问题最好是对方能够回答的

老张因为孩子经常生病，他很想结识一位医生。几经辗转，终于和一家儿童医院的主治医生搭上关系。由于没有事先准备，老张在和这位医生交流的时候陷入了困局，他不知道应该和一位医生说些什么才能引起对方的兴趣。想了半天，老张觉得医生属于高收入行业，爱好应该比较高雅，就将话题放在了钓鱼上。他问医生："你平时肯定喜欢钓鱼吧？都使用哪些渔具呢？"谁知这位医生并没有钓鱼的爱好，简单地回答："我这么忙，哪有时间钓鱼？"然后就不再开口。沟通陷入冷场后，医生借口还有一个病人需要查看，便匆匆离开。

老张和这位医生的沟通无疑是失败的。问题在于老张不懂得提问的技巧。他应该问对方最擅长回答的问题，这样才有利于交谈的顺利进行。比如，"为什么三岁左右的孩子容易生病？""三岁左右的孩子如何增强体质？"等，对于这些问题，医生最有发言权，也最有沟通的欲望，这样一来，沟通就能顺畅进行了。我们提问的时候，最好能提一些对方非常熟悉或者内行的问题。

3. 不要问对方的隐私

一天，刚参加工作的王小姐被派到外地去参加一场与合作方的协商会议。会议期间，王小姐被合作方安排在一家酒店内住宿，和她同住的是另一家公司的公关部女主管。这位女主管首先向王小姐打了招呼，做了简单的自我介绍。王小姐觉得对方这么热情，应该和对方好好聊聊，就问："您好，您今年多大了？"不料人家很不高兴地说："你猜猜看。"王小姐继续问："我想您应该已经有一个幸福的家庭和孩子了吧？"谁知说完这句话，女主管竟然白了一眼王小姐，再也不理她了。

我们在发问时，一定要讲究礼仪，不能问一些隐私问题。这样容易致对方产生一种反感情绪。比如，不可问对方的年龄（如果是女性的话）、收入、工作机密、银行存款等涉及个人隐私的问题。

总之，提问作为一种讲究技巧的沟通方式，我们一定要掌握其中的精髓，根据具体的沟通场合和沟通对象选择合适的提问方式。如此，才能在主动提问的过程中让自己占据主导地位。

问对问题，把沟通落到实处

我们在沟通过程中提出问题，无非是为了达到一定的目的，获得一定的结果。如果提出的问题无法为沟通服务，那这个问题就是无效的，没有意义的。所以，我们在提出问题时，一定要有目的性，只有能够促使沟通落到实处的提问，才是正确的提问。

问对问题要遵循以下三个原则：

1. 见什么人问什么话

人有年龄、性别、地位、性格等各种区别，我们在问问题时，就应该懂得因人而异地问问题。比如你问老人的年龄，就应该问"您老高寿了"，而不能问"您几岁了"；你和一位沉默寡言人的交谈，就应该直接问问题的核心部分，不能把时间浪费在问一些不着边际的问题上。这些就需要我们根据具体情况做调整。

2. 提问要分清场合

提问不是说你有什么问题都可以随时提出来，它还需要讲究场合。因为场合往往会决定沟通效果。比如你和同事甲、同事乙在沟通一个项目的处理意见，在同事甲说完自己的看法后，你问同事乙认同同事甲的看法吗，同事乙肯定不会告诉你他真正的看法。一方面为了顾全同事甲的情面，另一方面他也受到从众心理的影响。同时，你这样问还会让同事甲对你产生反感情绪。而你最好的办法就是单独向同事乙提问，这样你的提问才能取得效果。所以，我们在提问时一定要注意不同场合对沟通效果的影响。

3. 提问要符合对方的心理

一位记者去一个社区调查新闻事件，由于社区居民有排外心理，所以记者总是调查不出事情的真相。有一天他又去做采访，碰到一个刚买菜回来的大娘，就问大娘是不是住在这个小区，大娘回答说是。朋友从大娘的口音中听出说的是山西话，便问大娘是山西人吧？大娘说："你的耳朵可真灵，我是山西运城的。"记者一听就故作惊喜地问："啊，大娘是运城的啊，听说你们家乡有个世界上最大的关帝庙，这是真的吗？"这个问题一下子勾起了大娘的谈话兴趣，大娘对关帝庙侃侃而谈。一番谈论后，大娘和他的关系拉进了不少，他也顺利地从大娘那里得知了想要调查事件的真相。

沟通过程中，无论是提问的人、内容，还是提问的方式、行为都会对沟通对象的心理产生一定的影响。试想一下，如果你刚刚获得了晋升，而你的一个朋友又刚刚遭到降职处理，这时候你和他聊天，上来就问道"最近工作怎么样啊"，这势必会引起他的反感和不满情绪。而故事中的大娘由于身居异乡，自然对家乡格外怀念。记者朋友就从她的家乡事物进行提问，无疑很符合大娘的思乡心理。所以沟通得以顺利进行，并取得了很好的效果。

做到了以上三点后，基本上就可以提出正确的问题了。但为了使大家的提问水平能获得更大提高，更好地为沟通效果服务，再给大家简要讲一下提问的艺术性。有艺术的提问，需要掌握更高的技巧。下面给大家说两种比较常用的艺术提闻法。

1. 重点词语突出提问

举个例子，我们去餐厅吃饭，一个服务员对你说："今天你想点些什么菜？"一个服务员对你说："你想点些什么菜？"你觉得你更喜欢哪个提问方式呢？虽然前者只比后者多了一个词语"今天"，但前者能却让顾客心里觉得自己是老顾客，感到很温暖。"今天"就是一个重点词语。所以我们在提问时不妨多运用这种提问法。

2. 变换语序提问

还是举例说明。有个朋友给你买了个礼物，他问你，"你看是我给你送回去，还是你自己带回去"，你肯定会选择"自己带回去"；如果他问你，"你看是你自己带回去，还是我给你送回去"，你肯定会选择"你给我送回去"。这就是语序变化所产生的效果。因为人们在听人提问时，往往会把注意力停留在最后，甚至很多人都把最后一句当作结论性的话。所以语序的不同就会导致沟通效果的不同。

总之，要想自己的提问高效，准确，就要坚持一把钥匙开一把锁的原理。提问时一定要思前想后，选择最佳的提问方式和问题，如此才能收到良好的沟通效果。

第六章
说：如何说，对方才愿听

会说，什么事都好办。不会说，什么事都办不好。说话的水平、方式，决定了我们沟通的成败。只有说出的话对方愿意听，那才是真正的说，才是有成效的说。

真诚实在，让对方听得进去

沟通的目的在于建立关系，我们要想和沟通对象建立稳定的关系，就必须注意自己的沟通方式。尤其是在说话时，一定要真诚实在。只有做到了这一点，对方才能把你说的话听进去，你们之间的关系才会稳定。如果你说话时不真诚实在，势必会惹恼对方，导致沟通中断，甚至还可能遭到对方的指责和谩骂。

小李去广州出差，接待方把他安排在一家著名的酒店里住宿。住宿期间小李得知这家酒店的领班口才非常好。有一次，一位外宾来酒店吃饭，吃完饭后悄悄将一双精美得如同工艺品的筷子装进了自己的袖口中，但这一举动正好被领班发现了。这一双筷子价值100多元，丢失了需要领班自己赔偿，所以绝对不能让外宾把筷子带走。

于是她把一双未用过的筷子装在了同样精美的长匣子中，然后走向外宾，说："先生，我发现您对我们酒店的工艺品筷子非常青睐，为了表达我们的感激之情，我特向主管申请把这双筷子送给您，并按照最优惠的价格记在您的账上，不知您意下如何？"此时外宾已经明白了领班的意思，便交出了藏在袖口中的筷子，收下了新筷子，并连说谢谢。

这位领班是非常聪明的，并且非常善于沟通，她这一番话说得得体又不失真诚。试想一下，如果她上去直接说"你怎么能偷酒店的筷子呢，请你把筷子交出来""筷子你可以带走，但你必须花钱买"等此类的话，会收到什么样的效果呢？

我们在与人沟通的过程中，要想让对象听进去你的话，就一定要注意措辞和表达方式。那么，如何才能把话说得真诚实在，让对方听得进去呢？

1. 时机要合适

说话一定要讲究时机。比如对方正是心情低落的时候，而你此时却自顾自得说一些自己的开心事，这就是时机不对。这种情况下，对方不仅听不进去你的话，还会觉得你在对他冷嘲热讽。

2. 场所要合适

我认为，在不恰当的场合中说错话往往比不说话产生的后果还要严重得多。比如别人对你说过一件比较私密的事情，请求你帮他出点主意，当时你没有想到好的主意。三天后你们在一场聚会中再次碰到，你当着一群人的面对他说你想出的好主意，你说他能听得进去吗？这就是场合不适合。

3. 气氛要适合

在非常庄重肃穆的时刻，你说一些比较好笑的或者轻松的话，势必会引起他人的反感，不管你的话说得多正确，他人也无法听进去。又比如，在聚会的餐桌上，你说一些容易影响人的食欲的话，别人只会希望你尽早闭嘴，别再说下去了，更别提听进去你的话了。

总之，我们在说话的时候一定考虑全面，什么话在什么时候、什么场合、什么气氛中说合适，心中一定要有一个大致的方向和标准。如此，才能把话说到对方的心坎上。

适当恭维，让对方听得乐意

恭维可以满足一个人内心的虚荣感。所以，很多沟通高手在沟通过程中往往会对沟通对象进行适当的恭维，进而让对方对自己产生好感，乐意听自己说话。不会说恭维话的人，在与他人的交流中出现沟通障碍的频率，要比会说恭维话的人高很多，有时候甚至还会导致沟通失败，造成很多不良后果。

老王口才一流，非常善于奉承和恭维。有一天他在家中请客，总共请了5个客人。客人到齐后，他挨个问大家都是怎么来的。第一个人说他是坐出租车来的，老王听了后夸赞道："潇洒，潇洒啊。"第二人说他是开车来的，老王高声说道："时髦，时髦啊。"第三个人说自己是蹬着自行车来的，老王惊叹道："勤俭，勤俭啊。"第四个人说自己还没买车，家里也没有自行车，是走着过来的，老王拍着他的肩膀说："健康，健康啊。"第五个人见老王实在太会说话了，就说自己是爬着来的。老王听了后怔了一下，意识到对方是故意给自己出难题呢，便哈哈大笑着说："稳当，稳当。"

老王的口才确实是一流的，不管客人是怎么来的，他都能说出让对方很乐意听的话，因为他的话带着适当的恭维，并且合乎情理，还让人耳目一新。这就是最高超的恭维技巧。

我们知道，恭维过分了就成了拍马屁，恭维不到位就收不到效果，说的话对方不愿意听，到底如何才能把握好适当恭维这个度呢？确实有不少人在对沟通对象进行恭维的时候，都因为恭维不适当或者不得体，结果搬起石头砸自己的脚。

恭维是要讲究对策的，盲目的恭维自然无法取得良好的沟通效果。至于如何把握好适当恭维这个度，须遵守以下三个原则。

1. 说出的话要能让对方喜欢听

要想让对方喜欢听，就要做到在说的时候，时机要合适，场合要合适，气氛要合适。

2. 说出的话要能使对方情绪放松

如果你在恭维时所说的话并不符合对方的特征或具体情

况，这势必引起对方的紧张感，因为他们怕其他人听到后尴尬。试想一下，如果你恭维一位领导，说："领导您的高尔夫球打得棒极了。"如果这位领导的高尔夫球水平确实很高，那他就会心安理得、心情放松地受用你的恭维；而如果领导只是刚入门的水平，此时他就会怕身边的其他人戳破你的恭维，让他难堪。即使没有人戳破，他也会感到紧张，怕别人在心里笑话他。你的恭维就收不到好效果了。

3. 说出的话要让对方容易接受

我们在说恭维话时，一定要在心里盘算一下，哪句话的恭维效果最好，更容易被对方接受，到时候就要先说这部分话。比如说你的一个女性朋友长得很漂亮，更重要的是气质非常好，此时你夸她漂亮就没有夸她气质绝佳收到的效果好，因为她更愿意听到后者。

在掌握了说恭维话需要遵守的原则后，我们还要遵守一个前提，恭维别人时一定要保持诚恳的态度，让别人觉得你是发自内心地赞美他。此外，也要做到适可而止。如果你句句都是恭维，这势必也会引起对方的反感。

分析利弊，让对方听得合理

我们在和他人沟通的过程中，很多时候都会和他人因为意见或者观点不同而产生争执，此时，由于双方都想让对方接受自己的观点，所以沟通就会产生不少障碍。如果你不会说，就会导致沟通中断。所以，要想让对方接受自己的观点或者意见，你在说的时候，就要给对方分析利弊，循循善诱，让对方觉得你说得很合理，如此，他才能接受你的观点。

由于公司开展业务会谈时都是租用一家酒店的大礼堂。有一天我们接到这家酒店经理的电话，说他们酒店的礼堂出租费用要提高一倍，不然就不打算租给我们用了。接到通知后公司派业务员就去找这位经理。

见面后业务员对经理说："刚接到消息时我感到很震惊，不过我也能理解你。你这么做无疑是为了提高酒店的收益，换作是我，我也会这么做的。如果你不把礼堂租给我们用，而是用来举办各种舞会或派对，那你的收益确实会高一些。但如果你不租给我们，把我们赶走了，就相当于失去很多活广告啊！我们的那些业务会谈中有很多是企业中高层和业务精英，他们不仅有着巨大的消费能力，还有着超广的人脉啊，你说他们会为你的酒店创造多少利益啊？"

经理听了业务员的话后开始沉思起来，业务员又接着说："如果你能按原价继续租给我们，我们自然会让这些业务精英多照顾你的生意的。"最后，业务员成功地说服了这位经理，他又和他们签了一年的合同，租金分文不涨。

我们想让酒店的经理继续按原价把礼堂租给我们使用，但我们在与经理商谈时并没有直接亮明自己的观点，而是通过循循善诱的办法，帮他详细地分析到底哪种方式能让酒店的收益更大。对方听了我们合理的分析后，最终认同了我们的观点，答应了我们的请求。

说话，之所以是一门艺术，是因为它有很多讲究。尤其是在想让对方听得合理的时候，更是需要讲究很多门道才行的。一般来说，要想达到这一点，我们在给对方分析利弊的时候，就要按照以下三个步骤来做。

1. 先说有利于对方的事

这一点非常重要，因为这一点是赢得对方认同的先决条件。如果你不这么说，势必从一开始就无法使沟通继续进行下去。就像我们和那位经理的故事，如果我们在一开始就说"经理，你别涨租金啊，这样做多不好啊"，那沟通过程是绝对不会顺利的。

2. 再指出彼此互惠的事

关于这一点不少人都不理解，为什么要指出彼此互惠的事呢？全说对对方有利的事不是更好吗？其实这里面涉及了心理学。如果一个人平白无故地为你提供各种好处，你心里踏实吗？你是不是会想他是不是另有所图呢？所以如果你只说对对方有利的，这会使对方对你所说的话的真实性产生强烈质疑。另外，说出彼此互惠的，也是给下一个步骤做铺垫，使你能更自然地引出下一个步骤。

3. 最后提出一些要求

完成了以上两个步骤后，你提出自己要求的时机就成熟了。因为有了前面的利益做铺垫，对方已经在心里接受了你的观点，此时你提出自己的要求，他就很容易接受了。

这3个步骤在给对方分析利弊的过程中缺一不可，并且顺序也绝不能颠倒，否则会大大影响沟通的效果。

别把话说得太满，给自己留点余地

我们在说话时有一个禁忌，就是不能把话说得太满、太绝，不给自己留有后路和余地。在我培训过的学员中，很多人都犯过这种错误，不少人还因为这个错误给自己带来了很大的困扰。我们在说话时，给自己留点余地，其实是一种说话的艺术，也是一种生活智慧，它可以让我们在沟通时进可攻、退可守，让自己始终处于主动地位。

老李是我的一个朋友，做鞋袜生意，并且他卖的袜子可不是几元、十几元一双的袜子，全都是价格在200元以上的名品袜子。那种袜子穿着非常舒适，透气性很好，更重要的是经久耐用，没有脚臭。尽管优点很多，老李在推销时却常常陷入困局。原来他在推销时常常说："我这袜子韧性很好，也很结实，刀划不破，火烧不着。"顾客们听后纷纷表示要用打火机烧一下试试，老李着急地说："并不是真的烧不着，我这么说是为了证明袜子质量很好。"如此一来，顾客们都觉得受欺骗了，对袜子也没有什么兴趣了。

老李这么说无非是为了提高关注度。但他把话说得太满了，一点余地也不给自己留。而如果他说："我这袜子不可能烧不着，穿不破，就算是钢铁也会磨损的啊，但这袜子的质量绝对不是一般的袜子可以比拟的。"这样说合情合理，也突出了袜子质量好的特点。顾客自然也没有什么意见了。

1. 说话时要注意前后的一致性

比如说有一家超市打折，朋友问你知不知道，你虽然知道但怕他说你知道也不告诉他，就说："我不知道啊。"朋友接着说："听说那家超市的电饭锅都打6折呢？"你说："是啊，我也买了一个。"你前后不一致的话就说明你在欺骗别人，别人也会抓住这一点对你进行攻击。这对沟通过程是非常不利的。

2. 过头、违背常理的话不要说

关于这一点，朋友推销袜子的那个故事就是最生动的说明。过头的话，违背常理的话，如果你说了，就会给别人留下话柄，而你自己却无法反驳和辩解，就等于你给自己挖了个坑，把自己给埋了。同时你还会给沟通对象留下一种爱吹牛的印象，这是沟通中的大忌。

3. 不要把话说得太绝对

孔子在两千多年前就曾告诫他的弟子，我们在工作、生活中要杜绝四种现象，"子绝四"：毋意、毋必、毋固、毋我。意思就是不主观臆测，不绝对肯定，不拘泥固执，不自以为是。有心理研究表明，凡是带有"绝对"意味的话，都会使人产生一种本能的排斥感。比如你说"事情的过程绝对是这样的"，取得的效果就没有你说"事情的过程是这样的"这种说法的效果好。因为对于前者，人们会质疑："难道一点也不差吗？"所以，太绝对的话反丽容易引起人们的猜疑，降低你说话的可信度。

我们一定要记住，说话的目的是为了更好地沟通和让对方信服。所以与其把话说得太满，太绝对，让别人对自己的话产生怀疑和挑剔，倒不如给自己留点可以周旋的余地，把话说得委婉一点，这样更容易赢得对方的信任，也更有利于沟通的顺利进行。

让你悦耳的声音响在谈判场上

由于谈判语言的影响因素的差异，不同的谈判活动中运用的谈判语言迥然有别。但不管采用何种谈判语言，都必须注意下述一般要求。

1. 文明礼貌

谈判语言必须符合职业道德的要求，无论在任何情况下，绝不能口出不敬，攻击侮辱对方人格。

2. 清晰易懂

谈判者必须注意口音的标准化或采用对方能听清、听懂、理解的口音；用词要避免生造、歧意；当有中介人或翻译人员在场的时候，还应注意与他们的信息传递，消除或减少信息失真。

3. 流畅大方

口吃、吐舌挤眼、语不断句、嗓音微弱、大声吼叫等不良习惯必须根除。

任何谈判者在运用谈判语言的过程中都应当培养好自己良好的语言习惯。对于某些不健康的语言，应理智地、明白地、幽默地给予批评；对于某些恶意的挑衅语言，应坚决地、果敢地、无情地予以反击。

你也可以在谈判场上幽他一默

在初次谈判中，开始彼此都要寒暄一番以制造和谐的气氛。如果谈判者能恰当地运用幽默语言，能使双方的关系更加融洽轻松。

在谈判中有时直接指责对方的无理行为，又往往容易影响大局。有时想批评一个朋友的行为，也常使人犯难。这时不妨来点幽默，使对方在笑中思考，变不讲道理为不好意思。

有时由于种种原因会导致谈判桌上出现令某一方或各方都感到尴尬或难为情的情况。幽默语言对于避免或消除尴尬，缓和不自然的气氛十分有帮助。据说第二次世界大战期间丘吉尔到美国与罗斯福会谈，因为盟军有些问题一直未得到解决。谈判间隙丘吉尔正在冰浴，罗斯福却来找他，双方都有些觉得尴尬。丘吉尔幽默地解嘲说："我这个首相在你这个总统面前真可以说是毫无隐瞒了。"他既为自己解了围，又暗示了双方会淡中丘吉尔的态度。还如当谈判对手愤怒地指责你或突然提出一些令人尴尬的问题时，也可以采用幽默的语言巧妙地进行反击，这时，幽默往往与讽刺合二为一。

谈判个体具有幽默感能使其在群体中更具吸引力和感召力；外交官具有幽默感能使其更富魅力和风度；政治家具有幽默感能赢得更多的支持者。而谈判家的幽默往往给他带来更多的利益。

第七章
适度诱导，商务沟通有诀窍

商场如战场，每一次商业谈判都是一次争斗，若想百战百胜，做一个出色的商业谈判者，不仅要具备良好的判断力，而且还要有良好的说服能力和应变能力。

与客户沟通的诀窍就是"推波助澜"

推销员的语言表达能力，也就是口才，实质上是销售的工具，是激发顾客购买动机和行为的诱因，它对提高或降低销售量起着直接的作用。优秀的推销员总是注意以下几点：

（1）语言应有一定的吸引力和说服力。语言动听、悦耳、热情，在推销时对顾客的购买欲望起着巨大的作用。在观察顾客动态的基础上，推销员应根据对方的年龄、性别、身份等情况用敬语称呼对方。在介绍商品情况时，做好参谋，语言的速度和音调的高低要做到适中，不应太快或太慢，过高或过低，那会使对方感到不舒服。

（2）丰富的产品知识、熟练的业务技能，以及较高的文化素养是推销员口才的前提。

（3）无论处于何种状况下，都要随机应变，即刻适应。因此，作为一名推销员，首先在心理上应放松，为防止发生意外，对心神不定的顾客，尤其应事先防备，以免对方犹豫不决和反悔。适应性并非要推销员附和对方的意见，只是对于顾客的心思和设想，随时要有适应性。这也是说服顾客的能力之一。

（4）为了使顾客放弃抗拒心理，推销员应具有相当的耐性，如果顾客有意买你的商品，你就应该锲而不舍，切勿因困难而放弃，只要你能抓住顾客的心理变化，有技巧地说服对方，必能使顾客回心转意，或许顾客已经为一种商品考虑了很长时间，心中还在盘算着，这时你千万不能因失去耐心而前功尽弃。

（5）推销员的想象力配合巧妙的语言，能使你有声有色的向顾客描述商品的利用价值，以及为客户带来的好处，使顾客主动地要求你协助他。富有建设性的想象力，经常能消除顾客的抗拒心理，觉得你说的话有道理，为他着想，促使他购买你的商品。

（6）有效地利用顾客对商品需求本能的心理，如顾客购买商品是满足自己的虚荣心、欲望、好奇心、竞争心，或出于模仿、恐惧、健康、爱美等原因，有针对性地"推波助澜"。

成功推销第一步：突破对方的警戒心

有本领的推销员，当受到顾客的拒绝时，绝不会退却，而应有意地做适度的请求，再逐渐诱导对方，以打破对方的警戒心。

有本领的推销员，当受到顾客的拒绝时，能马上说："请你听我说明一下就好。"或者是："借用你几分钟的时间。"提出对方容易接受的条件，继续进攻。

"推销员就是从被拒绝开始"，的确，推销员必须在受到拒绝后，不断地求突破，才能够达到说服顾客的目的。如果碰到拒绝就退却，一定不会成为成功的推销员。

除非顾客已经拥有该种产品，或者真正很忙碌，大部分的人听到合理的要求时，都不容易拒绝，认为只听几分钟的说明不成问题，推销员的目的便达到一半。

如此，一旦能攻破对方的防线，5分钟可能变成10分钟，10分钟可能变成20分钟，可见让顾客购买东西时，并不是件很困难的事。

须知，我们只要冲破顾客的第一道防线，就很容易使他们让步，这或许是人类心理的缺陷之一。日常生活中，常常可以看到利用人类心理的说服术。譬如，善于向人借钱的人，假定要借一万元，一定不会先说："请你借我一万元，好吗？"他首先提出五百元或一千元，先解除对方的警戒心。然后，再看情形，适时说出金额的数目，当对方很顺利地落入话题中，说服对方等于成功一半。

给客户好感从小事做起

商场上的人对招待客人已经习以为常了，但要通过你的招待给人好感还需从小事上留意。

（1）到机场或火车站迎接的问题，一定要根据条件。使对方感到舒服、方便和自在，千万不要让对方勉强应付场面。比如有的单位为表示尊重，搞一大堆人到机场迎接，或者人家刚到就举行盛大欢迎仪式或酒会，弄得对方好不自在，处处显得很被动，这样往往弄巧成拙，并不一定产生好的效果。在这种情况下，还不如派出一二位和对方身份相适合的人，到机场迎接，轻轻松松地走出机场，到达酒店后也可以自由自在地了解一些情况。

（2）对许多客商来说，留下较好的第一印象。并不在乎什么宴席排场之类，而一些小事情会收到意外的效果。例如，在客商还没有到达酒店之前，预先将花篮送到酒店房间，就会给他们一个意外的惊喜。这种做法既得体又显得高雅，特别适合于欧美顾客。当然，送花篮只限于夫妇同来或者女性。而且送花给女性，往往是最受欢迎的。花篮所附的小卡上写几句祝福的话（如果是外国人，最好用其本国的语言，其次也可以用英文），也会使对方感到心情舒畅。做这些事情是女人的拿手好戏。

（3）你要招待的客人不同，就得有不同的安排。由于人种、地区、语言、习惯不同，客人会有各种不同的喜好和要求，所以招待一定要"看客点菜"。因此，你得搞清楚客人的来历，针对不同情况进行招待。就拿水果来说，龙爪对日本人很珍贵，但对南美人就太普通了；香蕉对广东人来说是便宜水果，但对，西北人却是稀罕玩意，而苹果则恰恰相反。

（4）招待最好能配合客人的活动日程。应该事先了解清楚客人逗留的时间、个人已有什么特别安排、需要多少自由活动时间、自由活动时需要什么帮助，如是否需要派车，等等。总而言之，要想让人家高兴，就得优先考虑别人的方便，绝对不可以将自己所拟定的日程强加于人。

第八章
进退玄机，准确判断让步的时机

谈判的成功并不在于占尽了所有的便宜，一场真正意义上的成功谈判是双赢的，要想实现双赢就必须得有让步。为此让步的智慧你不得不学。

如何减少让步的幅度

一步让到位绝不再让，坚决不让再到一步到位，或者在博弈中一点一点让步都是减少让步幅度的好方法，运用得当，都可以在谈判中帮你争取到最大的共赢点。

谈判是双方利益的平衡，要想达到双赢，双方必须做出一定的让步，但是如果让步太大太多就会损坏自己的利益，所以，在谈判中就要想办法尽量使自己让步的幅度减小。

这个道理就好比恋爱中的男女关系，如果是男追女，起初的时候毫无疑问男方会对女方百依百顺，但是随着两个人感情的加深，女方对男方越来越好，在一些问题上也就纵容起了男方，这就是在两个人关系上做出了很大幅度的让步。

这样做的后果就是男方会因为女方的纵容而变得越发嚣张，所以，在恋爱中，为了保证两个人的平衡关系持久，最好还是不要做出太大的让步。

谈判何尝不是如此呢？如果你一开始就给了对方很大的让步，对方只会觉得这个让步还仅仅是个开始，他会狮子大开口，要么你的让步一发不可收拾，要么谈判没有办法继续进行。

特别是在价格谈判中，千万不能让对方看出你在谈判中的让步模式，如果你的让步价格区间是500元，不能让对方识破，你可以在100元范围的波动开始谈判。因为这样的幅度会使对方捉摸不透你的让步幅度，谈判成功的概率也就很大了。

只有让对方觉得你的让步是很艰难的，才会越接近你的理想结果。

2003年5月，中国南方某市工艺品公司作为供货方同某外商就工艺品买卖进行谈判。谈判开始后，工艺品公司谈判人员坚持800元一件，态度十分强硬，而外商只出500元的价格，且亦是毫不示弱。谈判进行了两日，没取得任何进展。外商提出休息一会儿再谈一次，若再不能取得共识，谈判只能作罢。我方坚决不退让，眼看谈判即将破裂。

第三天谈判继续开始，双方商定最后阶段谈判只定为3个小时，因为没有办法破解僵局，再拖延下去只能是浪费时间。谈判进行了两个多小时仍是毫无进展。在谈判还剩下最后10分钟时，双方代表已做好退场准备了，这时工艺品公司首席代表突然响亮地宣布："这样吧，先生们，我们初次合作，谁都不愿出现不欢而散的结局，为表达我方诚意，我们愿把价格降至660元，但这绝对是最后的让步。"外商代表先是一惊，而后沉默了好几分钟，就在谈判结束的钟声即将敲响之时，他们伸出了手说："成交了！"

这次谈判中，工艺品公司在做了最大限度的坚持后，一步到位地让步，既维护了谈判的胜利结束，也博得了对方的信任，双方不失时机地握手言和了。

这种谈判方式就是在谈判中不做出任何让步，而在最后阶段做出很小的让步，这就会让对方觉得你也是经过激烈的思想竞争做出的妥协，保证了自己的利益。

当然，这种让步方式是有风险的，所以逐步让步，但每次让出的幅度都很小的方法更加保险一些。在逐步让步中你还可以采取一些相应的策略，保障自己的利益。

1. 只做等额让步

所谓等额让步就是指在每一次的让步中，所做出的让步和每次让步间隔的时间是相同的。国际上将这种挤一步让一步的策略称之为"色拉米"香肠式谈判让步策略，就是在对方的重压下只做出一点点的让步，并且不会一步让到位。

这种让步方式的好处就是减小了让步的幅度，对双方进行充分的讨价还价比较有利，取得双方利益均沾的结果。这样的方法使对方没有那么容易占到便宜，而且如果碰上了心急的谈判对手，极有可能由于对方的心急获取更大的好处。

2. 小幅度递减的让步

顾名思义，这种让步策略就是在谈判中使让步的额度越来越小，这样的让步态度很容易让对方相信你已经在做出巨大的牺牲，并且你的立场和态度越来越坚定，不会再做出很大的让步，暗示对方适可而止。

3. 大幅度递减但略有反弹

起初拒绝让步的态度要表现得极为坚决，可以突然表示愿意让步，在让步后反而又将条件略微地上浮一些，让对方明白这是一种让步后的对抗或反攻；其后，再次做出一点小小的让步，使对方欣喜若狂、更加珍惜，从而迅速达成交易。

学会应对谈判僵局

正视僵局，守住立场，协调彼此，允许不同意见存在，无论遇到什么样的僵局，相信你都可以轻松化解。

在谈判的关键阶段，特别是涉及彼此的核心利益的时候，最常出现的情况就是谈判僵持住了。出现谈判僵局并不可怕，只要用心化解，谈判还是可以顺利结束的。

要想化解僵局，首先要先弄明白出现僵局的原因，总的来说，谈判中的僵局出现的原因主要有以下几种：

1. 立场观点僵局

立场问题是导致僵局出现的最主要的因素。双方各自坚持自己的观点和主张不肯让步，利益谈判成了立场谈判，谈判俨然已经成了双方意志力的较量，谈判陷入了僵局。

应对这种僵局就要求双方都要冷静地思考谈判的目的，为了达到谈判的双赢，最好能在立场问题上做出小小的让步，正所谓不能在立场问题上讨价还价，搁浅立场，只谈利益在这种僵局中对双方会更有利。

在埃以和谈中，以色列最初宣布要占有西奈半岛的某些地方，显然这种方案是不能为埃及所接受的。当双方越过对立的立场而去寻找促使坚持这种立场的利益时，往往就能找到既能符合这一方利益，又符合另一方利益的替代性方案，即在西奈半岛划定非军事区。

在取得土地使用权的谈判中，双方原来坚持的立场都是合理的，而当双方越过所坚持的立场，而去寻找潜在的共同利益时，就能找到许多符合双方利益的方案，僵局就可以突破了。

2. 一方过于强势的僵局

在谈判中，如果其中一方过于强势，他就会在无意中想要逼迫对方接受自己的观点，所谓强迫对方就范。然而受到逼迫的一方，越是逼迫，越是不会退让，谈判的僵局就很容易出现。

为了应对这种僵局或者在根本上杜绝这种僵局的出现，就要在谈判期间时刻提醒自己谈判双方是处于平等的地位的。在平等观念的指导下进行谈判，成功的可能性会更大。

3. 文化差异导致僵局出现

这种僵局主要出现在不同国家的谈判双方之间，主要原因就是各自的文化传统不同，理解问题的方式和表达想法的方式有所不同，常常导致谈判双方沟通不畅，从而导致谈判僵局的出现。

这种由文化引起的谈判僵局，要想化解还要从文化入手，需要我们的谈判人员在谈判前做足功课，充分了解对方的文化传统。此外，聘请文化专家和翻译也是一个未雨绸缪的好办法。

其实，谈判中的僵局并不仅仅只有以上三种，其化解方法也不一，总体来说需要从几个方面努力：

（1）要保持冷静头脑。有了冷静的头脑才能进行冷静的思考。有些谈判者在谈判中头脑混乱，无法明晰自己的利益，盲目地坚持自己的立场，甚至会在谈判激烈的时候忘记自己的谈判出发点是什么。所以，应对这种僵局就要时刻保持冷静的头脑，进行客观的思考，正确分析谈判中遇到的问题。

（2）要努力协调彼此的关系。谈判双方谈判的目的就是为了寻求利益结合点，所以在遇到谈判僵局的时候就要努力协调彼此的关系，使双方都能回到寻找共同利益的道路上来。只有重新分析各自的利益，平衡好双方的利益才能打破僵局，使谈判进入正轨。

（3）要正视不同的意见。谈判双方本来在立场上就是不同的，那有不同的意见就更加情有可原了。然而不同的意见可能会成为谈判顺利进行的障碍，使谈判陷入僵局中。所以，在遇到这种僵局的时候，首先要明确允许不同意见的态度，不仅不能持绝对反对的态度，反而要抱有欢迎的态度。这种友善的态度能使我们以更加心平气和的心情倾听对方的意见，正所谓，有了倾听，才有信息，才能继续谈判。

（4）在谈判的时候要坚决杜绝自己的极端情绪，尤其要避免在谈判中争吵争吵除了使矛盾激化外，还会令谈判进入僵局，不能起到任何积极作用。所以在谈判中，如果有想要吵架的冲动，就给自己一个提示："大吵大闹是不能解决问题的！"

（5）要对僵局持有正确的认识很多人害怕僵局出现，认为出现了僵局，谈判也就失败了，其实不然。遇到僵局只要尽量化解，还是能够顺利完成谈判的。假使为了避免僵局出现而处处迁就对方，那就会使自己的利益遭受很大的损失。所以要树立正确的态度，正视谈判中可能出现的僵局。

别让谈判走进死胡同

在谈判过程中，疏导对方的情绪和搁置主要的问题，都能够将谈判从死胡同中拽出来，柳暗花明又一村，你的谈判也会畅通无阻。

在谈判的过程中，我们是否曾经经历过这样的情形：左也不是右也不是，就是谈不拢。小心了，这是你的谈判可能进到了死胡同里。

特别是对于谈判新人来说，进死胡同的可能性很大，"我们并不反对和你们做生意，但是我们必须提前声明，我们绝不会接受你们的支付条款的，必须按照我们的来！""如果你们执意要坚持你们的条件的话，我想我们已经没有谈下去的必要了。"在听到这样坚决话的时候，新人往往会认为谈判已经没有了可能，完全进入到了死胡同，再也没有打开困局的可能。

但，死胡同和僵局、困境还是不同的，僵局是双方就某个问题产生的重大分歧影响到谈判的继续进行，困境是双方虽然在持续谈判，但是却没有丝毫的进展；死胡同就是双方都感觉没有再继续谈判的必要了。

然而在实际中，为了不让谈判走进死胡同，也就是将死胡同变成畅通的胡同，和化解僵局、走出困境是有异曲同工之妙的。其中搁置争议，只谈共同利益是避免谈判进入死胡同最有效的方法。

小王有一家零售商店，在一次交易中，客户不明白怎么操作他新购买的商品，很是恼火，甚至闹到了小王的店里。小王本想教给客户如何使用这个新产品，可是客户却一点面子都不给，并且冲着小王大喊："听着！我要退货！听好了，是退货！我不想和你再讨论这件事了，不然的话，你见到的下一个人将是我的个人律师，我们法庭上见！"

只是对产品的操作方法不够明白，至于闹到法庭？眼看谈判就要进入死胡同了，小王还是微笑着说："真是不好意思，给你带来了这么大的不方便，请到这边来，喝杯咖啡消消气怎么样？"说着引着客户来到桌子前坐下，并且带着客户要求退货的商品。边喝咖啡，小王一直没有停止自己的道歉，眼看客户有了消气的迹象，小王就开始解释要怎样操作这个商品，客户也发现了商品没有任何问题，只是自己使用不规范而已。

你看，客户是那么大动干戈，甚至扯到了自己的律师和打官司，很容易让人以为谈判已经进入死胡同，其实，只要有足够的耐心，分析为什么客户会出现这样的情况，就能快速帮客户解决问题。

不妨这样来说，永远不要认为自己在谈判中遇到了死胡同，实际上，谈判没有真正的死胡同，在你觉得自己遇到了没有办法解决的问题时，其实只是考验你耐心的时候到了。

1991年，美国试图让以色列再次回到和平谈判桌前与巴勒斯坦解放组织进行谈判，美国国务卿詹姆斯·贝克再次遭到了以色列的强硬抵制。以色列人起初坚持认为，只要一进行谈判，对方就会提出要以色列从巴勒斯坦定居点撤军，而在以色列看来，撤军是绝对不可能的，所以他们干脆拒绝与自己的敌人坐到谈判桌前。詹姆斯·贝克是一个非常聪明的谈判高手，他知道，要想让以色列重新坐到谈判桌前，必须要有耐心，首先解决一些小问题。

于是他说："好的，我也意识到你们并不准备和巴勒斯坦人举行和平会谈，可我们不妨先把这个问题放到一边。设想一下，如果真的举行和平会谈的话，你们希望会谈的地点在哪儿？是在华盛顿，或者是中东，还是在一个中立城市比如马德里呢？"通过讨论这些看起来微不足道的问题，美国一步一步地把谈判推向前进。然后美国提出了巴勒斯坦谈判代表的问题：“如果巴勒斯坦解放组织派出代表参加谈判，以色列方面希望谁来代表该组织？”解决完这些小问题之后，美国发现再和以色列讨论和平问题已经变得很容易了，他们最终同意和巴勒斯坦解放组织举行和平会谈。

可见，美国在这次谈判中采取的策略和上面提到的小王解决客户的抱怨，都采取了转移对方注意力的方法。不同的是，美国是把问题暂时搁置不提，首先解决一些谈判中可能遇到的小问题，这样的方法除了能帮助你走出谈判的死胡同，还可以为你接下来的谈判积聚能量。

总而言之，在谈判中千万要避免把全部的精力和焦点集中到某个问题上，在一个问题上纠缠过多时间，就难免想要分出个胜负，结果最后没有胜负可言，只能使谈判进入死胡同。

识破对手的谈判伎俩

在谈判中，无论是避重就轻还是转移矛盾，无论是直接将问题抛给你还是在最后时刻支支吾吾，只要你能识破对方的这些伎俩，逐个击破，以退为进。

想想看，你会为了一场谈判精心准备，你的对手呢？当然也是如此了。知己知彼，才能百战不殆，如果能识破对方的谈判伎俩的话，就能制定出应对策略，不至于好处全被对方占尽。

俗话说，商场犹如战场，在钩心斗角的谈判桌上，只有步步为营，拨开层层迷雾，看穿对方的伎俩，才会为自己争取更多的利益。如果因为看不出对方的谈判伎俩，在谈判中被对方牵着鼻子走，损害了自己的利益，对于谈判者来说绝对是重大的失误！

谈判者不会把自己的信息和想法全部透露给你，这是有他们的道理的。他们有权保留部分信息，然而如果因为没有掌握全部信息就相信对方告诉你的一切，那真是谈判者的不幸。

2000年，达能集团向乐百氏递交并购提议，并一再承诺如果合作不成功，绝不公开乐百氏的任何内部信息，更不会向娃哈哈透露（乐百氏最大竞争对手正是娃哈哈）。'消除了乐百氏的顾虑之后，谈判进入实质性阶段。对与乐百氏提出的，几大主要条件，达能均欣然接受。3个月后，双方就达成了最终的协议。2000年4月，乐百氏与达能集团合资，达能以92%控股。乐百氏似乎一夜之间嫁入了跨国"豪门"，仿佛打开了民族品牌之路，并保持拥有商标权、管理权、产品及市场开拓权。

殊不知，这一切都只是一个烟幕弹，在合同上，达能集团给乐百氏以何伯权为首的五位元老设置陷阱：给他们设定市场指标，如果在既定时间内完成不了指标，他们就要引咎辞职。因为当时乐百氏在市场上占有较大的份额，要完成合同规定的指标并不是什么难事，所以何伯权接受了挑战。

然而在实际操作中，达能集团利用乐百氏最大的竞争对手娃哈哈（达能投股的子公司）抢占饮料市场的份额。当时乐百氏和娃哈哈双方达成了一份涨价协议，在乐百氏涨价后，娃哈哈并没有执行涨价协议。结果是娃哈哈大量抢占乐百氏的市场份额。最后何伯权根本没办法完成合同上的指标，造成五元首集体引咎辞职，乐百氏本来取得的权益也变成了海市蜃楼。一代商界传奇人物何伯权就此淡出了人们的视野。（引自《金融经济》2008年第20期）

这对于乐百氏的管理者来说实在是一个谈判的深刻教训！在谈判阶段，由于粗心大意，过于自信，没有看穿对方的谈判策略，导致谈判策略失误，在谈判中没有为自己争取到最大的利益，白白断送了公司的前程，也把个人的前程搭了进去。

古语云"兵不厌诈"，你有计策，我有对策。正所谓"兵来将挡，水来土掩"，如果在谈判中对方使用了谈判技巧，我们要怎么识破呢？

如果对方总是把问题丢给你，那你就要小心了，他是在逼你做决定。这个问题就好比是烫手的山芋，千万不能接，要想办法把问题抛回给对方，让他做回答。

如果对方用请求的语气让你做出让步，那你要小心在你让步之后他可能不会让步，那你需要做的就是让他答应在你让步之后也要让步，或者干脆说服他首先让步，避免吃哑巴亏。

如果对方给了一个很低的价格，你要小心他是要使用逐步进攻的策略了。这个时候你可以适当提高自己的价格，并且要有坚定的立场，不轻易降价，和对方拼心理。如果对方给你加价到了一个理想的水平，你再做出降价成交。

如果已经达成了协议，并且准备要签合同，这个时候对方还是提出了一些看似很小的要求，并强烈表示希望你能够同意，你要小心了，千万不能开这个先例，因为它可能是一个填不满的无底洞。

如果是团体谈判就要小心红脸白脸的问题了，团体往往会派出一个红脸，和你进行强硬的谈判，把你折腾得喘不过气来，然后在你精神最脆弱的时候再派出一个白脸来扮演和事佬的角色。这样就会给你一种他们在努力帮你争取好处的错觉。这个时候你要保持绝对清醒，不能掉进他们设计的圈套。

如果对方使用请示上级的低级策略那就很容易应对了，就要紧紧逼问对方一定要给你一个回答，这样反而知悉了对方的最终底线。

随时准备离开

三十六计，走为上策。人都走了，即使对方再有什么谈判策略，也是落空无疑的了。每场谈判中都要做最坏的打算，随时准备离开。

"谈判的时候离开？你没有讲错吧？"

是的，你没看错，就是让你在谈判的时候做好随时离开的准备。

无疑，谈判是讲究策略和技巧的，可是仅仅有策略和技巧还是不够的，魄力也是至关重要的，敢于在谈判中途退出离开就是一种魄力。

有人说，坚持啊，坚持到底就会有最后的胜利啊！可是如果有一个年轻的谈判人员向领导保证："我一定会坚持到底，取得谈判的成功！"那么作为领导，就要认真考虑是不是还要派这个人谈判了。因为他只懂得一味前进，很可能将谈判搞砸。

看过京剧《挑滑车》的人，无不为高宠惋惜。他过人的胆量和高超的武艺的确令人佩服。可是，对方就是利用了他不肯服输的心理，一辆辆滑车连着向他砸来。凭着一杆枪，在没有援兵的情况下，高宠仍奋力前行，终于用完了力气，一代英雄就此悲壮地结束了年轻的生命。

可见，有时候并不是坚持就能等来你想要的结果的，无谓的坚持只会带来不好的结果。在谈判中也是如此，如果因为你的一味坚持使自己陷入了被动中，简直就是得不偿失，还不如果断离开。因为有的时候，及时离开不见得是坏事。

1984年，我国与突尼斯某公司的代表就建立化肥厂事宜进行谈判。几次接触下来，基本把地址定在了河北的某港口。同年10月，科威特的石化公司也想参与到这个项目中来，谈判由两方变成了三方。

在第一次谈判中，科威特石化公司的董事长在听过筹备工作的介绍之后，断然表态："你们前面所做的一切工作都是徒劳无功的，建立化肥厂的工作必须从头开始！"

听了该董事长的意见之后，中方和突尼斯方面的代表纷纷表示惊讶，因为双方都为之前的谈判投入了很大的人力、物力和财力，费时3个多月才实现了现在的结果。但是，此时，却没有人起来驳斥这位董事长，因为此人在科威特的地位仅次于石油大臣，而且他还是国际化肥工业组织的主席，拥有非常高的权威。

但是中方的一位代表忍不住了，他猛然站起来说："我代表地方政府声明，为了建立这个化肥厂，我们安排了一处接近港口且地理位置相当优越的场地。当时，许多合资企业出高价争着要用这块地，我们都拒绝了。如果现在按照董事长的提议，事情要拖延下去，我们只好把这块地方让出去！真不好意思，我还有别的事情需要处理，我宣布先退出谈判！"

说完，这位代表拎起皮包转身就走。他身边的人也跟了出去了。

半个小时后，一位处长跑出来，兴高采烈地对那位地方政府代表说："你这招真灵！那位董事长说了，快请市长先生回来，我们强烈要求迅速征用这块地！"

当地方政府代表重新回到谈判桌上的时候，谈判已经变得非常顺利，三方的合作协议也很快达成了一致。

可见，正是这位地方政府代表的魄力挽回了不必要的巨大损失，一下子扭转了谈判的局势，使一上来就强硬无比的科威特石油董事长软了下来，着实杀了他的威风。

可以这么说，没有什么生意是一定要拿下的，哪怕是付出再大的代价，就好像这个世界上没有任何一栋房子、一部手机、一个洋娃娃是绝对要拥有不可的。不能因为自己之前已经投入了很多的时间、精力，甚至金钱就一定要坚持到底。因为没有价值的坚持只会让你不必要的付出更多，损失更大。

那要在什么时候离开谈判呢？最常见的场合就是自己处于

劣势的时候。因为如果对方过于强势，你处于完全的被动弱势中，对方咄咄逼人，一副你不接受他的条件绝不罢休的样子，这个时候无论你是多么苦口婆心对他都是没有用的。

这个时候，你确实很难得到自己想要的结果，过于强求的话，要么谈判告吹，要么你就得委曲求全，做出很大的牺牲，这样的后果就是以后的所有谈判，对方都会抓住你这个特点，永远不会满足。

所以与其在退让中挣扎，不如果断离开。你可以很直白地告诉对方："不好意思．我想我们没有办法达成共识。我必须得离开了。"

第九章
电话沟通：一线万金

电话沟通作为我们生活中不可缺的一种沟通方式，它发挥的重要性任何人都不可小觑，联络感情、联系事宜、汇报工作、传达指示，等等，都离不开电话沟通。我们要想利用电话沟通来为我们的人际交往锦上添花，就必须懂得电话沟通的艺术。

注意语调给人留下的第一印象

电话沟通中，肢体语言无法发挥作用，这无疑会使我们的沟通效果大打折扣，那么，有没有什么方法可以代替肢体语言呢？有！语调无疑是最好的选择，它是电话沟通中的一种无形的肢体语言。沟通力优秀的人，大多善于运用恰当的语调与电话中的对方进行沟通。因为良好的语调可以传达出一个人的感情和情绪，同时也表明了一个人对交谈对象的态度。

所以，我们在与他人进行电话沟通时，要想给他人留下良好的第一印象，就要懂得运用良好的语调。很多人表示，把语调运用好真是太难了。其实只要我们掌握了一定的方法、技巧，运用良好的语调与人交谈也并非那么困难。

1. 语调适中，声音甜美

因为电话沟通是只闻其声，不见其人，所以你的语调、声音就代表了你的个人形象。如果你说话冷冰冰的，语调阴阳怪气，势必会给人一种厌烦的感觉，不愿意再与你交谈；而如果你语调适中，声音甜美，对方就会觉得你是个善良、热情的人，并愿意与你交谈。这也是很多公司把"嗓音在电话里好不好听"当作招聘秘书和话务员的原因，因为这代表着一种形象和修养。

2. 语速要快慢得当

语速无论是过快还是过慢，都会让对方觉得无所适从。过快的话，会让对方觉得你性子太急，性格风风火火，不够成熟稳重；过慢的话，有会让对方觉得你性子慢吞吞的，做事肯定拖沓，如果对方是个急性子，会更加不愿意与你交谈。那么到底怎样的语速才算是适中？适中的概念其实并不固定，只是相对于跟你打电话的人而言，只要你在电话沟通时保持和交谈对方大致相仿的语速就比较合适。

3. 说话的音量大小要适中

小林给一位客户打电话，打电话前他为了给客户留下温雅斯文的好印象，便在电话里声若蚊蝇地与客户交谈，客户听了两句话后，就说："你能不能声音大点啊，那么小的声音我哪里听得清。"结果小林怕客户听不清，立即提高了声音大声地说话。这一说竟然把客户吓了一跳，客户觉得小林是故意的，便非常不高兴地说："你干什么呢？冲我发什么火啊？"小林也非常委屈地说："我声音小你嫌听不清，声音大了你又说我对你发火，那你让我……"小林的话还没有说完，客户那边就已经挂了电话。

音量过小，会让对方觉得你有气无力的，是个缺乏激情的人，也会导致对方无法听清你的话，从而产生急躁心理；音量过大，对方会觉得你是个大嗓门，办事不沉稳，说话太冲动，也会让对方误解为你在对他发脾气。所谓适中的音量，就是保持你的正常音量，不要和对方的音量相差过大。

4. 沟通中要懂得停顿

在与人电话沟通时，不要一个人滔滔不绝地说个不停，让对方插不上嘴。这会让对方觉得你很自私，从不在乎他人的感受，不是一个值得信任和深交的人。无疑，这会将你所有的好形象都毁于一旦。此外，适当的停顿，不仅可以有效地吸引对方的注意力，还会给对方思考和反馈的机会。如果在停顿的间隙对方向你提出问题或者示意你继续说下去，这也证明对方是在认真听你说话。

大家一定要记住，语调就是我们在电话交谈中的肢体语言，它绝不是简单地指你说了些什么，而是指你说话的方式。我们留给他人的印象是粗鲁还是有修养，都取决语调的好坏。只有温和友善，礼貌热情的语调，才能给人留下良好的印象。

通话中别让对方不耐烦

我们与人在电话中沟通时，往往不能像当面沟通那样可以慢条斯理地说话，电话沟通中的双方因为看不见对方，所以无法从对方的肢体语言面部表情上窥探对方的心理活动，自然无法正确地把握自己说话的时机和长短。如果说话的时机不对，或者是说话的时间太长，就很容易引起对方的厌烦心理。所以我们一定要掌握正确的通话原则，这样才能在沟通中和对方取得默契，达成共识，而不至于让对方产生反感，导致沟通中断。

1. 简明扼要，重点清晰

试想一下，如果一个人在电话中吞吞吐吐、语无伦次或者是含糊其辞地和你说话，你听了半天也没有听懂他要说什么，你还有兴趣继续听他讲下去吗？当然不会。所以我们在电话中与人沟通时，一定要长话短说，先把重点内容准确清晰地告诉别人，然后再说次要内容。如果你要说的内容实在太长，那最好能告诉对方具体内容，然后再约时间见面具体详谈。

2. 不触及隐私、不哪壶不开提哪壶

要想让电话中的沟通对象有兴趣、有耐心听你讲话，就应该说些对方喜欢听、感兴趣的事，不要说那些触及对方隐私，或者是对方最不愿意被提及的事情，这些都会让觉得你是个幸

灾乐祸或者无聊透顶的人。如果你喜欢拿别人的伤心事开涮，将自己的快乐建立在对方的悲伤痛苦之上，对方就很容易对你的谈话失去了兴趣，不愿再和你交谈下去。如果你无意间触及了对方的伤心往事，一定要及时道歉。

3. 要懂得适时而退

当你发觉对方不方便再继续与你交谈时，就一定要主动提出结束通话的请求，这样不仅可以让你显得有修养，还会为你下一次的预约交谈打下基础。电话沟通对象在什么时候会不方便再继续交谈呢？这需要我们视具体情况而定。一般来说，当你在电话中听到对方家中来了客人，或者有人与他打招呼，抑或是对方的另一个手机铃声也响起，就说明对方现在有新的事情需要处理，此时就不便再继续交谈下去。即便你继续说下去，对方也没有耐心听，还会觉得你没有礼貌。

做到了以上这几点，基本上你就可以与对方有个愉快的沟通过程了。不过在挂电话之前，我们最好还能够和对方说几句客套话。比如说"承蒙关照""常联系"等，这些都是电话沟通中的礼仪，可以让你在对方心中留下很好的印象，也为下次的电话沟通或者见面打下良好的基础。

如何与代接电话的人打交道

科技发展一日千里，电话如今已经成了我们的生活必需品，在人际沟通领域发挥着巨大的作用。我们每天都要打几个电话，甚至更多。打电话的频率多了，就会不可避免地要和一些代接电话的人打交道。不少人往往会因为接电话的不是当事人，所以一时不知道该如何与代接电话的人说话，导致说错了话或者是做错了事。

其实，只要我们能掌握一定知识，就可以从容有度地与代接电话的人打交道。下面我结合自己这些年的实践总结和教学经验，给大家做一番讲解。

1. 语气要亲切热情

不管你是事先就知道对方是代接电话的人，还是电话接通后才知道对方不是本人，都应该保持亲切热情的语气，这是就像给好朋友打电话一样。比如你可以说"嗨，你好，请问牛先生在吗"，而不能冷冰冰地说"牛先生在不在"，这种生硬的语气会引起代接人的反感，从而不愿意继续接听你的电话。

2. 避免直接回答对方的询问

郭小姐是一家公司的出纳，由于一家合作公司的账款一直迟迟没有支付，所以郭小姐就打电话去找这家公司的经理要账。电话接通后，郭小姐说："您好，请问郑总在吗？"对方是郑总的秘书，秘书说："郑总现在不在，你是哪位？找他有什么事吗？"郭小姐就如实相告："我是圣琪公司的郭出纳，郑总答应昨天给我们支付货款，可今天还没有支付，你能让他接下电话吗？"秘书知道原来是要账的，就说："对不起，郑总出差了，暂时还不清楚什么时候回来，等他回来了我转告他。"其实郑总根本没有出差，就坐在秘书旁边的老板椅上。

如果接电话的人不是你想要找的人，那对方肯定对你不熟悉，会对你抛出一些问题来了解详细的信息，比如"你是谁""你是做什么的""你找当事人有什么事情"，等等。不少人认为如果不告诉对方，对方就不会对自己的事情上心，所以就会毫无保留地回答对方的每一个询问。其实这样做弊大于利，因为如果你直接回答了，对方会根据自己的意愿选择要不要把来电的事告诉当事人，此外，如果当事人正想躲着你，你事无巨细全告诉了代接电话的人，那别人更不会接你的电话了。所以你最好能婉转地回答对方"我也想告诉你，不过这件事比较重要，必须直接和他谈，你能告诉我他什么时候回来吗"，这样，你就为自己保留了主动权。

3. 利用高姿态闯关

这种方法适用于你有重要的事找当事人，但代接电话的人就是不肯帮你转接，此时你不妨故意摆高自己的姿态，以强势的形象来逼代价电话的人就范。比如你可以说"如果不马上找到他，你可是要对后果负责任的""如果他不接电话的话，那他的生意亏损了可别怨我"等，这些带有强势姿态的都会给代接电话的人一种压力，让他不敢怠慢。但在使用这种方法时一定要把握好度，不能太过火了，否则你就不好对当事人交代了。比如你不能说"你再不将电话转给他，我可就要投诉你了"，这种过火的说话方式，是绝对不允许的。

虽然在和代接电话的人打交道的过程中有许多方法与技巧，但以上3点是最重要的。只有掌握了这三点，才能为自己找到当事人做好铺垫。

电话交谈中的注意事项

我们在与人面对面沟通时，往往会有许多禁忌，一时不慎就会导致沟通失败。同样，在电话沟通中，也存在不少雷区，如果我们没有及时回避，就有可能导致电话沟通中断，结果往往比面对面的沟通失败还要糟糕。因为当面对面沟通失败时，至少交谈对象还在我们身边，我们还有弥补的机会，可电话沟通一旦失败，我们就很难再采取补救措施了。所以，我们必须掌握电话沟通时的一些注意事项，时刻注意规避容易导致电话沟通失败的禁区。

1. 有些话要直说，有些话要委婉地说

电话沟通的成败，主要取决于你能否采取正确的表达方式。只有把握好这一点，我们才能成功地引起对方的沟通兴趣。

比如说你要结婚了，你想打电话给朋友，让他参加你的婚礼，可你却支支吾吾不直接说出来，而是东拉西扯了半天，才说你想让朋友来参加你的婚礼，此时如果你是那位朋友，你会怎么想？要是我就会想，这是大好事，直接说不就完了，何必搞得如此复杂？这样会让对方觉得你这个人太虚伪。

再比如，你的一个同事家里发生了一些不希望被人知道

的丑事，同事一边既要帮家里善后，一边又要工作，你担心他的身体会累垮，想让他专门处理家里的事情，工作的事情就先放一放，此时你就不能直接说："你不要担心工作上的事情，专心顾家吧。"你这样说无疑是在告诉对方你知道他的事情，在揭他的伤疤，虽然你是好心，但也难免会引起对方的反感，而你应该委婉地说："你前段时间做的那个策划方案顺利通过了，那段时间你天天加班，都快累垮了，现在你可以好好休息几天，不用再担心工作的事情。"你这样一说，不仅达到了自己的目的，同事也会感激你的关怀。

2. 遭到打击时也要热情不减

不少人在电话沟通中如果遇到对方为难或者拒绝等打击时，当即便觉得心灰意冷，谈话的热情骤降，说话时变得无精打采或者冷冰冰的，这是沟通中的大忌。因为这样不仅无助于事情的解决，还会让对方觉得你这个人没有胸怀，小肚鸡肠，更加不愿意和你交谈。所以，即便我们遇到了对方的打击。也要保持起码的热情。但也不能表现得太过分了，这会让对方觉得你是猫哭耗子假慈悲。

3. 情绪和措辞要和当时的语境相协调

比如你在沟通中得知对方正处于心情低落的状态中，此时你就要注意自己的言辞，不能兴高采烈地说一些乐事或者大话，也不能一边用体贴的语言安慰对方，一边又表现出嘻嘻哈哈很随意的样子，这都是与当时的语境不协调，会引起对方的反感，甚至导致对方挂断你的电话。

总之，我们一定要记住，如果触犯了电话沟通中的禁忌，必然会导致沟通的失败，再想弥补就非常困难了。只有在电话沟通时懂得规避禁忌，正确运用沟通方式，才能让电话沟通真正成为我们的沟通利器，为我们的工作和生活服务。

第十章
谈判策略，用战术轻松搞定对手

谈判的策略千千万万，投桃报李，声东击西，虚张声势等都会让你在谈判中游刃有余，关键还是在于具体问题具体分析，灵活运用才能获益颇多。

投桃报李，让对方步步登高

良好的人际关系的建立就是互帮互助的结果，付出自己的努力帮助别人，成就对方，对方也会愿意付出努力帮助你的。

中国有句老话是"人敬我一尺，我敬人一丈"，讲的就是在人际交往中，如果你能首先做到尊敬别人，体谅别人，关心别人，主动帮助别人，那么反过来，别人也会尊敬你，体谅你，关心你，帮助你。这样一来二去，双方的友好关系就培养起来了，也就是所谓的投桃报李。

谈判中，双方的地位首先是平等的，但是如果你首先表示友好，并且有意抬高对方的地位，对方就会产生高高在上的感觉，自然愿意"举手之劳"帮你完成自己无法独立完成的事情。

人与人之间的关系是通过礼尚往来建立的，这其中包含着很大成分的相互捧场、人敬人高。人敬我一尺，我敬人一丈，人帮人，人抬人，彼此之间的关系就会越来越好，友谊就会越来越深。如果明白了这一点，在谈判中加以运用，就要在谈判中懂得给他人尊敬，学会捧场，对方步步登高，也自然是给了自己步步登高的机会。

无可否认，人往往对与自己友好的人产生好感，这种情感会使人愿意对对方伸出援助之手，心甘情愿把对方的事当作自己的事。所以在谈判中建立和对方的友好关系，抬高对方的位置，是一种同对方示好的最佳方式，能为自己带来更多的益处。

信陵君是春秋时有名的"四君子"之一，他招揽侯嬴的故事历来为人称道。

侯嬴是魏国的一位贤士，以聪明机敏、能言善辩而闻名于世。信陵君多次登门造访，邀请他出仕，他都婉言谢绝了。

有一天，信陵君大宴宾客，席间，高朋满座，嘉宾如云。待众人坐定后，信陵君才向大家宣布："今天的主客是侯嬴，在座诸君若不介意的话，我把大家都作为陪客吧？"随后，信陵君去接侯嬴。侯嬴傲慢地坐上尊位，信陵君亲自驾车，态度谦恭。路过闹市，侯嬴冷冷地对信陵君说，"我有个朋友在肉市上，劳驾您与我一同去看看他。"

信陵君二话没说就照办。到了肉市，侯嬴故意与朋友朱亥闲聊，不理会在旁久等的信陵君。此时，信陵君非但没发火，反而显得更温和，始终和颜悦色，态度诚恳恭敬。旁观的人群都用好奇的目光打量着他们。

过了很长时间，侯嬴才告别朱亥，乘车来到王府，径直朝上位走去，一屁股坐下。随后，信陵君把侯嬴向恭候多时的贵宾作了诚挚地介绍。

轮到侯嬴说话了，他一语道破了信陵君的良苦用心："我侯嬴只不过是个守城门的糟老头子而已，而信陵君您却多次登门拜访，我本不应该傲慢无礼。但是，为了帮助您获得礼贤下士的美名，我只得这么做，让您久立于闹市之中，让世人围观您。您的态度始终谦恭礼貌，人们都会认为我这个老头是个不知好歹的小人，而您却是个求贤若渴的明君。"

在这个故事里，信陵君之所以能获得侯嬴信任，正是因为他始终抱有谦虚温和的态度，他三番五次上门恭请侯嬴，显得很谦恭，侯嬴自然不会亏待他，来帮助他塑造礼贤下士的好名声。可以说这是信陵君应得的。

古人说："爱人者，人恒爱之；敬人者，人恒敬之。"所以，你只有"投之以桃"，对方才能"报之以李"。这样，你拥有了人缘，别人也拥有了人缘；相互之间的关系就会越来越好。

那么，如何在谈判的紧张氛围中向对方"投之以桃"呢？这也是一门学问。

1. 最好是要保持诚实的态度

太过虚伪的恭维话让人听了只会产生反感的情绪，不可能让对方把真心掏出来和你交换。在谈判的时候与对方交往首先就要诚实，自己了解的事情可以多说几句，自己不清楚的事情不能不懂装懂，如若在行家面前露出马脚更会影响到你个人的诚信，也必将对你们之间的谈判造成不利的影响。

2. 表现得谦虚一些

一般人是喜欢和谦虚的人交往的。最好你能够让对方产生自己就是一个"智者"的角色，这样的关系更能够凸显对方的重要性。个人在心理上具有优越感的话，就比较容易进入交往的状态。

3. 在谈判中给予对方切实的好处

光是口头上的夸赞和谦虚还是不够的，谈判谈的是实实在在的利益，如果只会耍嘴皮子，不能给对方任何好处的话，那这场谈判对于对方来说就没有什么意义了，如果你能首先给对方一点小小的好处，那对方的态度也会相应软下来。

让你的对手看到利益

探寻对方的利益所在，或者着重于共同利益，都可以为谈判中给予对方利益做准备。要想对方主动合作，让利是必不可少的环节。

谈判争取的是共赢，这个共赢就是指利益的共赢。无论是什么性质的谈判，如果没有利益的获得，这场谈判也就失去了它应有的利益。要吸引对方跟自己谈判，最起码要做到的就是让对方看到和自己谈判能够得到的利益。利益是最好的诱惑。

在谈判中，做出让步并不意味着失败，目的在于让对方先获得一些好处，也就是得到一部分利益，为对方做出让步做准备，这样才能达到双赢的谈判结果。虽然在谈判中忌讳随意的让步，但是作为一名优秀的谈判者要学会利用对自己并不重要的条件，去交换于己有利的条件。而这些于己不太重要的条件很可能就是对方重视的利益。

如果在谈判中死守着自己的立场和原则不肯让对方得到好处，那就会造成谈判局面的僵持，各自的利益都不能得到满足。没有双赢哪里来的合作？不难看出，在谈判中让对方看到可以从你这里得到的利益也是一种帮你取胜的谈判策略。

所以首先要树立承认对方利益的态度，不能认为只有自己的利益才是利益，对方的利益就不关你什么事了。如果你能在保证自己利益的前提下，帮助对方解决利益冲突，相信每一次谈判都会很有成效。

有一次，笔者在超市门口遇到过一次"红牛"的促销活动，这个活动中安排了免费试喝，那些工作人员一杯杯递给现场顾客随你喝，还有买一瓶红牛饮料就可以参加一次投篮活动，投得好也有奖品。再旁边搭了一个舞台在搞活动，邀请现场的人去参加活动。活动很简单，是几个人上台比赛，冠军可以获赠一箱红牛饮料，其他人也可以获得6瓶。

在这场促销中，第一次活动没几个人上去，大家都有点不敢相信，等到那些人真的获得了奖品，第二轮就好多人参加了。

人都是这样的，免费的好处有点不敢相信，要等到别人证实。一旦对方确认可以在这里得到好处，不怕他不乖乖就范。红牛促销就是先给对方免费试喝，再通过活动让对方获得免费好处的策略，使客户愿意尝试红牛的产品。可见，让谈判对手看到从自己这里可以获得他们想要获得的利益是一种多么成功的谈判策略。

共同利益也是对方利益的一种，如果能在谈判中经常提到你们通过合作可以获得的共同利益，就可以拉近彼此的距离。因为在认识共同利益的基础上，对方会更容易接受合作的条件，也会主动为了达成合作而努力，甚至还有助于消除彼此立场上的冲突。

让对方认识到共同利益的方法也有很多种，在谈判中经常使用的就是把对方划入"我们"的行列。"我们"这个词可以帮助你和对方建立同伴意识，你说"我们"等于是在提醒对方也是利益核心的一员，使对方不知不觉地也参与到你的讨论中来。

比如，在谈判的时候不要直接否认对方的看法，可以选择采取"我们是不是应该考虑考虑其他方法""我们好像忽略了一个重要的问题"等相较于以自我为中心的陈述更能使对方认识到共同的利益所在，谈判也自然更容易取得圆满的结果。

可能有人会说："可是我根本不知道对方谈判追求的利益所在啊！又怎么寻求共同利益？更无法满足对方的利益了。"没错，在谈判之前，没有哪个人会把自己的利益通告给你。这就需要你在谈判中自己去挖掘。

比如，在谈判中不妨就多问对方几个问题。比如"您认为我们给出的方案有什么不妥当的地方，没关系，说出来大家一起解决""您为什么不接受这个方法，您还有什么更好的点子吗？"等等类似的问题，都可以诱导对方说出自己的需求，了解了需要，再设法满足对方就容易多了。

在了解了对方的利益所在后，就要不失时机地给予对方利益。比如"为了我们这次合作的愉快和以后还能有合作的机会，我们愿意在某些方面做出一些让步，比如……"或者"以前每次合作你们做得都很好，我们愿意在这次合作的时候给予一些优惠"等等都是很实在的利益，相信对方是不会拒绝的。

虚张声势，让对手错误决策

暗示对方你们实力强大，并不是只有对方这一个合作对象，并且能够承担谈判告吹的后果，使对方手忙脚乱，你再站出来为他"出谋划策"。无疑，这种策略将会为你带来意想不到的利益。

虚张声势，顾名思义就是假装出很大的气势，而实际上并没有那么大的气势和实力。假造声势的目的在于吓人，让对方在恐惧的心理下答应你的要求。心理学研究发现人在紧张恐惧的情绪中会失去理智的判断，如果在谈判中运用虚张声势的策略，会把对方领进你设计好的圈套。

玩过"杀人游戏"的人都知道，如果自己抽到了杀手牌，在互相指认的时候，如果有人指认自己是坏人，最好能够虚张声势保证自己的清白，这样能在最大程度上让别人相信你是被冤枉的，可为自己保存更久的实力。

在谈判中虚张声势就是使对方相信你有很强的实力，主动做出大胆的决策或者超乎想象的陈述，这样的表现很难让对方不相信你的强大，心中打鼓尽早妥协。

在小说《致我们终将失去的青春》中，可以说郑微就很懂得虚张声势的妙处。起初大肆宣扬要追陈孝正，死缠烂打毫无结果的时候，又宣布放弃了，不玩了，而这时候的陈孝正反而是沉不住气的那个了。正是郑微的虚张声势使陈孝正失去了正确的判断，似为没有了成为郑微男朋友的机会。

谈判时虚张声势的时机很重要，在对方用各种条件压得自己喘不过来气，已经难以辨别对方的目的何在的时候，最好能够用虚张声势帮自己打气，试探对方如此强硬的真实用意。

当然只知道虚张声势，而不晓得如何辨别虚张声势，就很容易掉进狼窝。要想了解对方是真有实力还是假装很强，就需要在谈判之前做足功课，做到知己知彼，才能在谈判的博弈中取得最后的胜利。

陈经理是浦东某通讯企业的采购部经理。企业急需一批高质量的手机托架，亚太区域主管选定了一家外资企业的产品。在谈采购细节时，该企业认为陈经理非买它的产品不可，所以态度十分傲慢，价格一分都不肯少。

陈经理问道："你不减价还那么神气，能赶上我交货的期限吗？"对方的谈判人员自信地答道一定能按期交货，并告诉陈经理，自从亚太区域主管选定他们的产品以后，企业已经投入了20万，做好了一切准备工作，订单一来就可以马上生产。

了解到这一情况，陈经理立刻说："对不起，我不要了。亚太区域主管定的是规格，我谈的是价格。如果你们的产品价格在我们能接受的范围之内，我们当然会买你们的产品；但超过了预算限制，虽然我不能随便买别家的产品，我也可以不买。"

对方考虑到已经投入的20万元成本，只好按照陈经理的报价成交。

在上述案例中，如果对方不降低条件，陈经理一样会和他们成交，因为陈经理的企业的确非常需要他们的产品，但是陈经理的虚张声势却使自己占据了主动地位，以对己方有力的价格成交。

作为谈判人员，你可以告诉对方自己有很多的合作伙伴。无疑，每家公司都喜欢和实力强大的公司合作，这样可以带动自己的快速发展。为了让对方相信自己具有真实的实力，可以在谈判过程中刻意透露给对方除了对方你们还有很多家的合作对象，并不是非要和他们合作不可的。

这样的暗示会使对方紧张且担心失去这次合作的机会，同时给对方留下一个实力强大的印象，在这种心理的支配下会急于和你达成合作意向，自然方便为自己在接下来的谈判争取更多的利益。

你还可以挑选比较高档的谈判场所，挑选高消费的地点作为谈判场合，并且自己主动承担费用。另外谈判告一段落的时候最好能够主动邀请对方用餐，用餐也一定要显得高档次，并且过程中表现得自己很大方，不会为一点"小钱"斤斤计较。这样不仅会使谈判双方的心情愉悦放松，还会使对方确信不疑你们是有真正实力的。

先声夺人与后发制人

　　一般来说，在谈判活动中应该经常采取主动的措施，按照自己的计划和步骤进行谈判。如果自己一方不争取主动，就容易被对方牵制、调动，按照对方的计划和步骤进行谈判活动，而一旦纳入了对方的步调，自己一方往往就会变得束手无策，经验表明，无论是经济谈判还是政治谈判，以首先提出自己的谈判方案为基础展开讨论，结果往往得出接近该方案的结论。所以，在充分准备的基础上应该先发制人；先声夺人，直截了当地道出自己的方案。相反，如果总是想先看看对方的立场，表现得踌躇不前，左顾右盼，就会不知不觉地被对方牵着鼻子走。所以谈判领域内都十分重视这种争取和控制主动权的技巧和方法，即先声夺人法。

　　后发制人法是相对于先声夺人法而言的，当对方向己方实施先声夺人的技巧和方法的时候，我方可以回之以后发制人法。在运用后发制人的技巧和方法时，首先对对方夺人先声要能够正确对待，对对方的高要求或高压政策要能够沉得住气，要从对方的言论中摸索出对方的谈判企图和目的，在此基础上寻求己方的对策。

　　寻求对策是需要时间的，如果对方发表意见之后，我方对双方的情况有了较全面的掌握，并且如何对付已经胸有成竹，则可以当场实施进攻，但如果还不是太有把握，或者还有些问题需要进一步讨论，则可以暂时休会。

特别值得注意的是，采用后发制人的谈判技巧时，要先详尽听取对方的发言，不管其要求和条件多苛刻，喊价多高，我方不宜在中途实施干扰，使对方在喊价时中途停顿，言而不尽。这样一来，我们对对手的谈判企图、目的等信息就掌握不准确，直接影响我方采取相应的对付方法，影响后发制人技巧的作用的发挥。其实，不少人在喊价时往往乐于将让步条件或优惠条件留在最后再说，而中途的干扰和打断，可能使对方将让步和优惠条件有意无意地省略。更为重要的是，在对方喊价时实施干扰极容易引起对方反感义愤，这对于建立和谐友好的谈判气氛也是不利的。

当然，在谈判实务中，在使用先声夺人的技巧和方法时有些常用的语言被故意设计出来，以压倒对方气势，夸张自己声威。尽管在谈判一开始就说出一些对付对方的话，这往往会令人反感，不受欢迎。但有的谈判者以为这些先声夺人的话语可以为他们带去实惠或有利可图，因而他们有时也乐于使用。那些常见的话语可以是：

（1）你怎么气色不好，为谈判的事没有休息好吧。

（2）上回向你们买的那批货质量真糟糕，我们这次再也不上你们的当了。

（3）你们怎么可以不履行合同呢？

（4）上次已经详细关照过你了，这次你可别指望我们了。

（5）你的建议根本就行不通，我们不会接受你的条件。

（6）你的这次交易对我来说并不重要。

（7）这次谈判你的压力很大吧。

（8）但愿你不要为讨价还价伤了我们之间的和气。

怎样利用僵局

一般地说，在谈判中，各方都希望能够顺利地和对方达成协议，不希望有僵局发生。然而"好说好散"的事在现实中毕竟很少，实际的谈判活动中，由于彼此利益不一致，相持不下，形成僵局的情况是屡见不鲜的。

一个不成熟的谈判者遇到僵局时，信心便会动摇，受挫的感觉会使他怀疑自己的判断能力。在这种情况下，谈判者的思维和行动很容易失控。

概括地说，如果谈判者利用僵局，必须注意把握住两个要点：一是僵局形成后，不能坐等时机，应积极地对对方人员施加影响；二是充分借助于外部形势或时间的有利影响，重点突破对方的薄弱之处。

可见，僵局如同其他战略一样，是值得考虑利用的。谈判者必须改变视僵局为失败的观念，要具有善于制造、利用、打破僵局的技巧和勇气。利用僵局是个带有高度危险性的战略，谈判者犹如一个骑士，只有高明的骑士方可驾驭它、控制它。谈判者的素质直接地决定和影响着僵局的最终结果。因此，从谈判一开始就必须持周全慎重的态度。

谈判制胜的技巧

尽可能避免使用"谈判"这两个字。谈判意味着有赢家和输家，再不然就是双方都"不满意但可接受"的妥协。因此我们应该尽可能避免使用谈判两个字，用"达成协议"或"找出可行的解决方案"来加以代替。在这种情况下，谈判气氛大幅改善，参与各方都会认为自己是赢家。

大谈判开始之前先考虑几种不同的目标。为了使自己不至于离题太远，应该先想好几种目标。这包括主要目标、短程目标、长程目标以及"有就更好"的目标，等等，如此你就能够设定最好的目标和最坏的目标，牢牢记住这些目标直到协议达成为止。

了解自己的处境。投注时间和精力支持你的立场和要求，仔细阅读与搜集相关的资料及统计数字，向专家请教意见，了解多数人的看法，如此在你发言之前，就会有足够的资料显示如何达成双赢的目标。

运作智慧找出对方阵营中的真正决策考。如果你不能确定对方是否握有决定权，就应该提出各种问题试探。如你可以问："如果你我就这个问题达到协议，是否还需要别人的同意？"值得注意的是，在试探过程中要避免迫使对方承认自己其实没有任何决定权。

营造友好合作的气氛。假使对方自认是输家，你的处境也未必有利。的确，你应该尽可能地达成目标，同时最好让对方也有同样的感觉。注意你的身体语言、声调语气与遣词用字。如此双方之间的气氛将可以合作代替冲突。

在谈判刚开始的时候先施以小惠。包括赠送小礼物，请吃一顿晚餐或做个小小的让步。基于投桃报李的心理，对方势必要有所回馈。

通过适当的问题，定下互利的基调。有些人之所以害怕谈判是因为害怕与人发生冲突。因此我们必须在谈判一开始的时候定下互利的基调，避免冲突。你可以试着提出这样的问题："你希望我们今天得到怎样的结果？"或"你希望从我这儿得到什么？"在这些问题提出之后，对方会认为可以得到最好的协议。它所带来的利益可能是你想象不到的。

知道如何提出试探性的问题。试探别人的时候要有重点，这个重点会决定对方的答案。例如，"你是不是唯一能够决定的人？"和"所有的决定是否都由你来负责？"之间有着重要的差异。

在认真谈判以前先释放试探气球。如果你认为某些建议可能不为对方接受。那就应该先利用非正式的场合提出建议来试探他的反应。如果对方一口回绝，那你应该庆幸自己不用在正式谈判的时候碰钉子，假使对方认为你的主意不错，双方就可对此进行认真的谈判。

及早说出所有重点。如果你等到最后一刻才提出某个重点，对方很有可能认为你是故意欺瞒。为了避免让人怀疑你的动机，最好是及早把一切问题摊开来讨论。

先讨论对方的需要。当谈判开始以后，你应该先问清楚对方的需要，再说明自己的目的，这显示你不会牺牲对方来成全自己，它可以作为互信的基础。如果你能想出满足对方需要的办法，他们也会尽力成全你的想法。

正确评判谈判价值。有的时候我们会低估谈判目标的价值。除有形的价值之外，无形的利益也不应忽略。在谈判开始以前，你应该先确认每件事情的价值。例如，只要有适当的加班费与误餐费，许多员工愿意加班到深夜。而为了增加主管的机动性，多数公司愿意提供轿车甚至司机的配置。如果你能想清楚，就可以增加许多谈判筹码。

当对方表示"闲话一句"的时候，你应该密切注意他的身体语言。因为当别人说"闲话一句"或"顺便提一下"的时候，接下来表示很可能是话中有话。通常他们会着急不安地等待你的回应，身体语言（如搓着双手）会告诉你这绝非闲话一句。而你必须弄清楚他的真正意思。

提出过去的成功经验。当有谈不拢的迹象出现的时候，你可以指出过去自己或第三者是如何解决同样的问题。这是提醒对方当时所遭遇的困难并非不可解决。

清楚分辨哪些时候你希望达成协议，哪些情况下则是非达成协议不可。在谈判过程中，你应该不时提醒自己和对方你希望达成协议，但绝非一定要达成协议。如果你显出非达成协议不可的迹象，就会立即处于下风甚至兵败如山倒。

如果要用电话谈判，你应该主动打电话。主动展开谈判的一方会享有优势。例如，你可以事先想好要说些什么，准备好各项资料，并且控制讨论的时机。相对地，接听电话的一方会陷入被动。甚至有措手不及的感觉。

发挥团队精神，避免对方各个击破。当两个代表团进行谈判的时候，双方都会试图采取各个击破的战术，这套战术的重点是分别和对手的成员达成协议，获得最大的利益。要避免陷入这种不利的谈判处境。你应该在谈判以前先推举一个发言人，负责全盘的谈判事宜。其他成员则分别负责研拟议题与反应方式，用书面提供给发言人。

做好笔记。只要你觉得无法记住任何重要讯息，就应该立即拿出纸笔来做笔记，不要担心这会放慢你的说话速度。做笔记有许多好处：它可以保障你说话不出错，给你足够时间思考对方说的话并做出适当反应。此外，对方知道你已经记下他的承诺，待会儿他就不敢用"不记得了"作为推诿的借口。

保持良好的目光接触。如果你不这么做，而是不时移开视线，对方将会做出对你不利的连释。他会认为你有意逃避，当面撒谎，缺乏诚意或根本没有得到谈判的授权。为了表现坦然的气度，你应该时常正视对方。

第十一章
表面屈就，让对方感到自己赢了

当谈判的整个过程都坚持下来了，千万不要在最后关头功亏一篑，即使达成了自己满意的结果，也要想办法让对方有胜利感和满足感，为自己培养长期的合作对象。

提出夸大要求，勉强让步

敢于在谈判开始就提，出超出自己预期的要求，逼迫对方做出选择，然后再勉强做出一次又一次让步，为自己留住尽可能多的利益。

让步的策略运用得当可以帮你完成一场有效的谈判。同样，在谈判中一开始就提出夸大的要求，甚至是对方无法接受的要求也会帮你成就有效地谈判。你的初步要求越高，那跌到最低要求的速度就慢一些，可能也小一些。就像如果你在一间餐厅就餐不满意，虽然你只需要他们不收取服务费你就感到很满意了，但是却要求对方取消全部的账单，这样，就会得到比仅仅不收服务费更好的待遇。

这就是在谈判中提出夸大要求的妙处，你可以在接下来的谈判中勉强做出让步，虽然给对方造成了谈判艰难的印象，却为自己保留了最大的利益空间。并且，你的勉强虽然表面上让对方觉得你已经屈就对方了，他已经赢了，实际上你已经拿到了比自己预想中更大的利益。

这里有一个需要注意的问题就是，如果你对自己的谈判对手了解得越少，就越应该在谈判开始提出尽可能多的要求。

约翰·布罗德福特律师来自得克萨斯州的阿马利诺，他曾讲述了这个原理。他正为一名想买一处不动产的买家做代理，虽然他已想出了一个方法，但是他认为："我要看看罗杰的'提出比你想要得到的更多的要求'的原则是怎样运行的。"因此，他凭空想象向卖方提出二十三段要求。其中一些要求甚至是很荒谬的，他自己认为至少有一半的要求可以立即删除。但是让他惊奇的是，卖方只对其中一段中的一句话提出了强烈的反对。即使这样，约翰并没有立即让步，他坚持了几天，最后时刻勉强做出了让步。虽然他在二十三段要求中只删去了一句话，但是卖方仍感觉到自己取得了谈判的胜利。

这就是提出更多要求带来的好处，商业谈判中也是如此，你向对方要求得越多，很少有人会觉得你太荒唐，只会在接到的条件面前尽自己最大努力争取最好的结果，这样一来，主动权就握在你的手里了。

也许有些没有经验的谈判人员不敢在谈判中提出过多的要求，害怕把自己的客户吓跑。但是很有可能你不敢提出更多的要求，就会制造一个僵局，对方会在本来你的最低要求基础上继续逼你降低要求，这样一来，你就真的没有什么让利的空间了，而且你很希望和对方完成这笔交易——这样，僵局就出现了。

有能力的谈判家会告诉你，不要害怕在谈判中提出夸大的要求，因为这样的要求往往能让对方感觉自己获胜了。如果你提出了远远高于对方的要求，那对方就会在谈判中尽最大的努力让你减少自己的要求，在这个过程中，你一定要注意不能一下子降到对方的要求，要一点一点做出十分勉强的让步，让客户在感觉你已经无可再让的情况下答应对方，他们就会感觉自己取得了胜利。

往往有一些销售人员会想"如果我要求太多，他们只会嘲笑我。"实则不然，越多的要求越会让对方觉得这个合作得来不易而倍加珍惜。

不难理解，你的夸大要求不是为了和对方较劲，而是为自己争取更大的谈判空间。如果作为销售人员，你向顾客要的价格只能是不断降低，而不会升高，这就要在一开始要一个高价。如果你是买家，你要的价格只能不断升高，而不是降低，这就要在一开始就给出一个很低的价格。这样做的目的是为你的降价和涨价留有一个很大的空间。

这样，你就会让对方觉得他已经把你的利益空间挤到最小了，你的勉为其难会让他很有成就感。

如果你没有在一开始就为自己要一个好的条件，就很难说对方会在完全不知情的情况下还会给你一个好的条件。可以说是这种提出很多要求的策略为你赢得了谈判中的灵活性。你的初期主张可能不会令对方接受，或者你的态度很强硬，你就可以先不开始谈判，等待对方的反应，一般情况下，对方很少出现"那我们没有什么好谈的了"这种情况，而是在你的要求基础上谈判。万一对方出现逆反情绪，你还可以运用我们前面提到的化解之道来为自己解围。

诱导对手下定决心

威胁？优惠？欲擒故纵？分析形势？对，这些方法都可以用于诱导对方下定决心跟你合作。现代经济社会，时间就是一切！

恋爱是一种很微妙的东西，每个人都不是在一开始就下定决心和对方在一起。作为男方，如果你确定女生对你有感觉，只是她还不确定你是不是那个对的人，这个时候，如果能用若即若离的态度诱导对方，对方很有可能会下定决心和你在一起。

谈判也是如此，谈判双方在一开始并不知道对方是不是适合和自己合作，只是在谈判的过程中不断加深对彼此的了解，才会考虑要不要达成合同。

那在这个过程中你要做的就是减少对方犹豫的时间，促成他尽早做出决定。时间拖得越久变数就会越大，在谈判中要尽量减少拖延。

　　李阳是二手房交易的一名职员，手上有两套待售的房子，户型一样，但因采光不同要价上也有差异，A套在阴面要价120万，B套在阳面要价130万。

　　孙小姐和李先生同时看上了B套房子，但是李先生先下了订单，所以孙小姐显得很失望。李阳向孙小姐提出可以考虑一下A套房，并带她去看了房子。孙小姐感觉还不错，但是想到自己因为10万块钱就要住在没有阳光的屋子里，心里就不痛快。虽然李阳和孙小姐也面谈过四五次了，可是孙小姐就是迟迟不肯下单。

　　于是李阳决定"逼单"。这天下午，李阳拨通了孙小姐的电话："孙小姐，您现在方便接电话吗？……喔，是这样的，因为我们现在有一个客户非常中意A套房，所以我想问问您的意见。因为您毕竟先看的房子，而且我们也谈过几次了，您要是愿意要这房子呢，我就给您留着；您要是不打算要了呢，我下午就让那位顾客来办手续了。您觉得呢？"孙小姐一听急了，连忙说："那我们下午见面谈谈吧。"虽然最后李阳让价了两万，但是却也逼单成功，顺利地拿到了订单。

　　孙小姐正是在李阳的"逼迫"下，才下定决心购买房子的。如果没有李阳的苦苦相逼，或许就不会有这单生意了。逼单是销售过程中最重要的一个环节，逼单成功，万事大吉；但是若逼单失败，则功亏一篑。

　　销售谈判是一种结果式的谈判，没有结果的销售就是失败的谈判。但是你不能说那些"深思熟虑"的人不对，你需要做的就是打消他的顾虑，省去他的磨磨唧唧，跟你成交，这个时候"逼单"就刻不容缓了。

逼单是每个销售员都要面对的考验。客户多数时候是不会主动提出订单的，这时候就需要你主动地推他一把，否则煮熟的鸭子也会有飞走的时候。

你可以采取威胁法。威胁就是利用客户的"害怕买不到"的心理，来促成交易。告诉你的客户"今天是优惠的最后一天，产品很受欢迎，明天再过来可能就没有货了，并且以后再也不会有这么划算的优惠了。"人们通常对难得的东西比较珍惜，越是难以得到就越想要得到。我们经常看到的"限量1000件"也是此类方法。还可以采取额外优惠法。所谓额外优惠就是在正常交易的基础上再给客户一些小小的优惠，人们都有占便宜的心理，当客户在犹豫不决的时候，适时地给他一些优惠会引起客户的极大兴趣。这样的优惠不一定要是数量多么的大，只要一些小小的赠品就有可能打动客户的"芳心"。你可以直接告诉他："这么说吧，这个我们真的赚不了多少，如果您真的诚心要买的话，我就赠给您一个开水壶，就算是拉一个回头客了。"或许就是这样一个小小赠品，就可以为你赢得一单生意。

实际上，在销售的时候会碰到一些客户，不乏那些明明已经看中了产品，但是由于一些原因就是不下定决心购买的。这个时候，作为销售人员不妨直接收拾东西，装出要放弃这单生意的样子。不难推测，如果客户真的想买的话，那这种假装的策略是绝对管用的。

此外，还有前面曾经提到过的，让对方意识到放弃这单生意对其自身的损失。我们都知道，谁都不想因为没有完成一笔交易而对自己形成损失，如果在销售中你能够顺利说服对方相信，不购买你的产品是自己极大的损失时，那很难想象对方会不接受你的推销。这样的方法比直接夸赞你的产品效果要好得多。

重视谈话的结束语

结束语一定要说，并且一定要说得诚恳，给对方留一个好的印象。结束语最好独特一点，给对方留一个深刻的印象。

虎头蛇尾，就是说话办事只注重开头，忽视结尾，这样做事做的是不完善的事，这样说话说的是不完善的话。这也是在谈判中必须要忌讳的。和他人谈判，说好了开头，能够争取到继续谈判的机会，说好了结尾，给谈判画上一个完美的句号，还能争取下次的合作机会。

心理学研究发现，在一个事情从发生到结束的整个过程中，开头和结尾给人的印象最深刻，往往能够左右人的记忆。这个心理特点在谈判中同样存在。

一天，王崖的同事到他家来做客，两人谈得非常投机。可是当同事告辞出去，刚跨出王崖家的大门，王崖便"砰"的一声把门关上了。同事的心里顿时升起一股凉意，从那以后，他见了王崖便绕着走了。

其实，不管是谁遇到这种情况，心里都不免会凉半截。也许是王崖无意冒犯了同事，可是对同事就不一样了，心中总会有所猜疑，原本畅谈甚欢的兴致，也就被那"砰"的一声一笔勾销了。

俗话说得好，"编筐编篓，重在收口"，结束得好才是一个完美的结局。在谈判过程中，分手时的印象足以左右整个会面的结果，是成功还是失败，最后一刻的表现尤为重要。此般结束语的运用在课堂上的妙处可以为我们提供很好的借鉴。

要想让课堂教学结构达到艺术美的境界，必须设计艺术特色的结束语，使学生的思维不仅仅局限在课堂之内，还要继续向课外有机延伸，学生在课外仍保持强烈的求知欲望，去积极探索未知的世界。这样的课堂结束才是最高境界的结束，绝非仅仅把课讲完而已。

有位名师，在讲小说《孔乙己》时的结束语就很值得借鉴："鲁迅先生在小说《孔乙己》中塑造了孔乙己这样一个悲剧人物形象，批判了科举制度对知识分子的迫害。而下一篇课文《范进中举》，同样反映了这一严肃的主题。那么，比较一下，鲁迅笔下的孔乙己和吴敬梓笔下的范进，人物境遇有什么异同？人物性格有什么异同？写作上有什么特色？"

这样一个结束语既是对旧课的收场，又预示了新课将要开始，成了新课的开场白，为旧课的收场和新课的开场都很自然的作了巧妙的过渡。好的结束语应该精当明旨，令人回味无穷，突出文道统一。

这个道理运用在谈判中就是在谈判结束的时候要让对方觉得这次合作很愉快，还要使对方期待能够有下一次的合作。

一般人们在谈判结束的时候会采取"再见""再会""有时间再联系"等等作为结束语，但是这样的结束语太平淡了，难以给对方留下深刻的印象，在下次有合作机舍的时候，对方很难会首先想起你。所以，我们有必要足够重视我们的谈判结束语。

如果在和对方谈判结束的时候，觉得谈判的内容有欠妥的地方，或者希望内容仅限于谈判的双方知道，在谈判结束的时候就要关照对方这次谈判的内容最好能够保密，你可以这样说："张经理，刚才我说到的一些话，有些是很不成熟的看法，鉴于咱们的良好合作关系我才讲的。我觉得这些话还是没有必要让除了你我之外的第三者知道，以免引起不必要的麻烦。"

这样的结束语，能够提醒对方要注意防患于未然，这样"交心"的嘱托能使对方认为你是更信任他的，能使双方建立互相信任，共同承担责任的合作关系。

另外，在谈判结束的时候，要表现出自己的热情，不能让对方产生合作这一次，对方就没有了利用价值。所以不论谈判过程多么紧张，多么艰难，不如在谈判结束的时候告诉对方："真是荣幸，以后就多了一个贵公司这样的合作伙伴，请把我们当作朋友，下次经过这里，一定要上来坐坐。"

这样邀请对方的结束方式，虽然听起来免不了客套的俗气，但是对于陌生人来说，往往最能获得对方的赞同，给对方留下一个好的印象，获得对方的认同，为下次合作埋下伏笔。

可见，谈判的结束语并不是可有可无，也并不是无关紧要的。需要注意的是，结束语并不是随便说说的。结束语说得好，能够给对方留下深刻的印象，争取下一次的合作机会。结束语说得不好很有可能会毁掉你在客户心中辛苦建立的形象，之前的所有努力都有可能白费，下次的合作就更别奢望了。

一定要祝贺对方

一句"你赢了"胜过一千句"成交了"，永远让对方觉得自己占了巨大的便宜，会使每一次谈判以"双赢"的结果收尾。

我们不止一次地说过，谈判是双方利益的博弈，谈判双方都在力自己争取最大的利益，所以在谈判结束的时候，你一定要让对方感到从你这里已经获得了最大的利益，所以一定要祝贺对方。

这也就是说，无论在谈判的时候你是否获得了比自己预期更好的合作条件，无论对方在谈判中的表现有多糟糕，在谈判结束的时候你一定要恭维对方，祝贺对方赢得了这场谈判，避免对方出现失落的情绪。

或许这一小小的细节对你来说是微不足道的，但是假如能让对方觉你做出最后的决定损失巨大，让对方觉得自己赢得了这场谈判，从你手里获得了最大的利益，往往会让对方失去理智的判断，以为自己赢得了这次谈判。

几年前，科恩去墨西哥旅游。在炎热的天气下，他发现前方有个小贩身上竟套着一大沓披肩在高声叫卖："1200比索！"

科恩从来就对披肩不感兴趣。于是，他继续向前走。

"大减价，1000比索啦。"

见鬼！科恩转身离去时，小贩的脚步声居然伴随他左右。小贩的声音在他耳边一遍又一遍地响起："800比索、800比索。"

为了摆脱小贩的纠缠，科恩开始大步向前跑，但是小贩却紧跟着他不放，而且要价已经下跌到600比索了。当科恩通过十字路口，庆幸甩掉了小贩的纠缠时，耳边又听到小贩拖拉的脚步以及熟悉的叫卖声："先生，先生，400比索。"

这时汗流浃背、又累又渴的科恩对小贩厌烦无比，于是咬牙切齿地说道："告诉你，我绝对不会买你的披肩，别再跟着我！"

"好吧，算你赢了。"满脸流汗的小贩回答道，"只卖你200比索。"

"你说什么？"科恩对他自己的反应也吃了一惊。

"200比索。"小贩重复道。

"好吧！让我看看你的披肩。"出乎意料地，科恩对小贩说。既然不喜欢披肩，为什么又关心价格呢？科恩想自己那时真是鬼使神差了。但小贩从1200比索降到200比索，他实在不知道自己有什么魅力，竟让小贩对他如此情有独钟，这么热的天紧追不放，把价钱降了1000比索。

虽然浑身是汗，科恩还是将披肩披在身上，得意扬扬地走进旅馆，兴奋地冲太太喊道："嘿，你看我买了什么？"

得知事情的原委后，他的妻子轻蔑地说："嘿，真有意思，我买了件和你相同的披肩，只要150比索，就挂在柜子里。"

顷刻间，科恩颜面扫地。

在这个谈判的过程中，小贩利用科恩好胜和虚荣心强的心理，以一句"你赢了"抓住了科恩的兴趣，推销出了自己披肩。

任何一个谈判人员都不希望自己的谈判是失败的，即使是谈判新手也是如此，所以，谈判结束的时候要让对方感觉良好，觉得自己赢得了一场谈判。因为谈判人员最需要的就是自我心理的满足。

可能有人会说了，既然对方没有赢得谈判，又为什么还要祝贺对方呢？难道让对方感觉胜利了那么重要？

没错，是的，让对方感觉自己赢了真的很重要。

作为复杂的人类，除了物质上的需求，还有一种需求是心理上的。我们知道，在谈判中我们不可能答应对方的所有条件和要求，这样对方难免会产生失落的情绪，觉得自己没有很好地完成谈判。这个时候，不论对方表现怎么样，你在最后祝贺对方，都会让对方产生一种心理上的满足感，以此来弥补谈判中的损失。

此外，谈判的过程必定是艰难的过程，双方都在尽力维护自己的利益，如此这般紧张的争取结束谈判，如果你能在最后时刻恭喜对方赢得了谈判，他会觉得自己在谈判中锲而不舍的努力没有白费，正是他自己的坚持才赢得了这场谈判。

这样做，可以显示出你的大度和佩服，给足了对方面子，即使对方知道你说的可能不完全是真心话，但是他还是愿意相信。你的话让他脸上很有光，即使谈判结果离自己的预期可能还有一定的差距，但是因为你的夸赞让他很受用，很有可能下次他还会考虑跟你的合作。

成功的谈判不是你的所有需求都得到满足，而是在自己利益满足的情况下，也让对方相信自己的需求得到了满足。这也是双赢的一种。

谈妥之后别忘了告别

谈判结束不忘记告别，但是也要注意不能停留过多时间影响客户的正常工作。并且也要注意不能显示出自己的自大情绪，方能保证今后的合作机会。

当一场谈判终于结束，你也终于拿到了合作的合同，是不是可以松一口气，大功告成了呢？其实不然，也许你想尽快向自己的上司交差，向自己的同事报喜，或者回去好好庆祝一番，但是，别忘了和你的谈判对手告别。

如果在对方签字完毕后扭头就走，就算你不是皮包公司，也难免会让对方觉得你在敷衍了事，显得太没有礼貌了。俗话说"去时要比来时美"，会给客户留下深刻的好印象。

正如一首诗，无论开头多么"气势磅礴"，若结尾软弱无力，都不会是首好诗。但如果开头平淡无奇，而结尾句余韵无穷、意境深远，却堪称是首好诗。对销售人员来说，不一定一次就访问成功，你可能要跑好几趟，那么请记住：第一次的辞别是决定下次访问是否受到欢迎的关键。

要想让自己的客户绝对满意，正式谈判结束后的告别也是非常重要的，不仅仅是为了让客户对这次的合作满意，更重要的目的是可以让对方对你留下很好的印象，不至于抵触下次的合作。

比如"真的很高兴能跟贵公司有这次合作的机会，希望还有下次""如果发现我们的产品有什么问题出现，可以随时和我们取得联系，我们会尽快上门服务的""我们的产品是有保质期的，这期间如果出现什么问题尽管找我们"等等这样的承诺，都会让对方很放心，比起一般的"下次见"更有魅力。

此外"如果贵公司以后还需要类似的产品也可以联系我们"这样的告别会为今后的合作铺好道路。

所以，谈判结束，如何跟客户告别也是至关重要、不容忽视的。

一位医学毕业生选择到医药公司择业，最后将目光瞄准了那些医药业的巨头。在所有的应聘回复中，有一家西药公司的面试被安排到11点钟。这位医学生9点30分就来到应聘的面谈地点等候。这是一家很高档的酒店，在那里同样有很多等候面试的毕业生。坐下后他就开始跟边上的人聊天，互相探讨面试心得。结果发现那些同样过来面试的，个个谈吐不俗，有的甚至还堪称前任公司的主力员工，至于他们到这里只是找工作经过的一个站而已。听到这，这位医学生不禁紧张起来。

11点整，秘书小姐点他的名字请他进去参加面试。在面试的最后一阶段，就是一个英文的考察。HR让他自己随便说点英文，于是这位医学生就告诉他："和您交谈我感到非常愉快。从您身上我看到了贵公司制度的严谨，对公司有了一定的了解并非常喜欢这样的公司。如果公司决定录用，我将会竭尽全力为公司效劳！"HR点点头，非常满意这样的回答，然后简短的回复后就让这位医学毕业生离开了。最后这位医学生顺利地拿到了公司的录取书，这跟他最后的告别不无关系。如果没有大胆的结束环节，相信不会有如此完美的结果。

由此及彼，在谈判结束后我们也不应该忘记下面这些步骤：

1. 谈判结束对客户表示感谢

谈判大功告成，签字页完成了，对你来说紧绷的神经终于可以放松了，谈判成功拿下单子，你自然是很高兴的，对客户表示感谢也是情有可原的。但是，这方面一定要注意，对客户的感谢要仅限于"感谢贵公司的合作意向，希望我们合作愉快"，绝不能表现出过分的谄媚。

这方面需要明确的是，这次的合作机会是你通过自己的努力争取来的，不是客户赏赐给你的，也许你只是一个谈判新人，但是也绝不能对客户没完没了的感谢，因为买卖交易是一种互利的合作。如果你拿到订单不能自已，很可能会让对方看不起你，甚至会对你们的实力产生怀疑。

2. 观察客户的意愿

前面说过，在谈判结束后能不能马上离开，主要还是看客户的意愿。如果客户希望你能留下再待一会儿，你却急着离开就会显得很不礼貌。

一般情况下，订单拿下，你较早地离开没有什么不妥，但是需要注意的是，一般买主握有主动权。如果对方是卖家，谈判结束后他主动站起来和你握手，就表明他不希望你多留，你就要很快反应过来，不能再说多余的废话，让对方反感。

3. 签约后的态度

这是谈判结束告别需要注意的一个很重要的问题。人们往往在谈判开始时是忧心忡忡，担心谈判不顺利，所以难免紧张。谈判结束，诃单拿下，你可能会松一口气，但千万不要过于松懈。

也许你在这次谈判中获得了比你想象的更多的好处，但是切不可产生傲慢的情绪，让对方觉得自己好像被你打败了。如果这样的话，对方很可能产生自己上当受骗的感觉，勃然大怒，不仅订单可能取消，还会影响以后的合作。这样的损失就巨大了。